Karl Kraus

Auch Zwerge werfen lange Schatten

Karl Kraus

Auch Zwerge werfen lange Schatten

Sprüche und Widersprüche
– Aphorismen –

marixverlag

Bibliografische Information der Deutschen Nationalbibliothek
Die Deutsche Nationalbibliothek verzeichnet diese Publikation in der
Deutschen Nationalbibliografie; detaillierte bibliografische Daten sind im
Internet über
http://dnb.d-nb.de abrufbar.

Für diese Ausgbe:

© by marixverlag GmbH, Wiesbaden 2013
Redaktion: Dr. Bruno Kern, Mainz
Covergestaltung: Nicole Ehlers, marixverlag GmbH
Bildnachweis: Breslauer Zwerge, Breslau, Polen
Satz und Bearbeitung: Medienservice Feiß, Burgwitz
Gesetzt in der Minion Pro
Gesamtherstellung: CPI books GmbH, Ulm
Printed in Germany

ISBN: 978-3-86539-304-3

www.marixverlag.de

INHALT

Karl Kraus oder die schöpferische Ohnmacht des Wortes

Dass wir Karl Kraus die besten Witze und Wortspiele seiner Zeit, die schärfsten Satiren und treffsichersten Pointen verdanken, das wurde ihm vielfach attestiert. Nichts wäre jedoch unangemessener, als sich seiner Aphorismen wie aus der Pralinenschachtel zu bedienen. Sie sind eben – im Gegensatz etwa zu Oscar Wilde – alles andere als gefällige Bonmots zum Ergötzen eines erlesenen Geschmacks. Nach Aussage von Karl Kraus selbst kann ein Witz nur dann bestehen, wenn er eine ethische Deckung aufweist. Und: Gerade in der Abbreviatur des Aphorismus gelingt es Kraus, die Fülle eines Gedanken in antithetischer Zuspitzung zur Sprache zu bringen. Kraus war überhaupt ein Meister der kleinen Form: die Glosse, die Stellungnahme, die Randbemerkung und der Essai sind die literarischen Gattungen, in denen er zu Hause ist. Die fast tausend Bände der »Fackel« – der roten Hefte, die nach anfänglichen Gastbeiträgen bald ausschließlich von ihm verfasst wurden – zeugen davon. Mit den sparsamsten Mitteln konnte Kraus ein Höchstmaß an satirischer Wirkung erzielen. Bewährt hat sich diese Methode vor allem im Ersten Weltkrieg. Aus dieser Zeit stammt der auch hier wiedergegebene Aphorismus, dass eine Satire, die der Zensor versteht, mit Recht verboten werde. Gegen Karl Kraus jedenfalls erwies sich die Zensur immer wieder als machtlos. Oftmals druckt er nur ab, was andernorts bereits gedruckt und von der Zensur genehmigt war. Seine satirische Eigenleistung besteht lediglich in der Anordnung für die Leser. So etwa, wenn er einen Leitartikel Moritz Benedikts und ein Gebet des gleichnamigen Papstes synoptisch gegenüberstellt unter der Überschrift: »Zwei Stimmen – Benedikts Gebet, Benedikts Diktat«. Oder wenn er eine unerhebliche Lokalnachricht aus Kriegszeiten abdruckt, die von der Arrestierung einer jungen Frau handelt, welche durch ungebührliches Heben des Rockes öffentliches Ärgernis erregt habe. Kraus kommentiert den Zeitungsbericht knapp mit den Worten: »Hoch den Rock! Die Waffen nieder!« In ernste Gefahr geriet er erst, als er in einer Vorlesung von der „chlorreichen Offensive" sprach. Das Ende des Krieges kam seiner Verurteilung zuvor.

Die hier gesammelten Aphorismen sind ein hervorragender Zugang zum Werk des Karl Kraus – spiegeln sie doch das gesamte Spektrum der Themen und Gegenstände wider, deren sich Kraus sprachgewaltig angenommen hat: die Presse, Sprache, Literatur und Phraseologie, die Erotik und die Moral der Philister, Lüge und Krieg, die geschundene Kreatur. Die konkreten Anlässe (und Personen) seiner Satiren sind – wie er es selbst vielfach prophezeit hat – heute weitgehend in Vergessenheit geraten. Bleibende Gültigkeit und unsterbliche Aktualität gewannen seine Texte eben durch die sprachliche Form, durch die Kraus diesen Ereignissen Gestalt verlieh. Ein immer wieder erhobener Vorwurf gegen Kraus lautet, dass er »mit Kanonen auf Spatzen« gezielt habe. Dieser Vorwurf verkennt aber genau dieses Verhältnis der Satire zu ihrem Gegenstand. Im scheinbar Nebensächlichen erkannte Kraus Symptome eines grundsätzlichen Übelstandes, und gerade die aufmerksame Beobachtung dieser Symptome lässt ihn diese Übelstände viel tiefer durchdringen als die meisten Zeitgenossen. Das Beispiel schlechthin hierfür ist sein gewaltiges Kriegsdrama – das Kraus selbst für unaufführbar hielt und das nach seiner Auskunft »einem künftigen Marstheater zugedacht« war – *Die letzten Tage der Menschheit*: Es ist eine imposante Collage von Einzelszenen, die gerade in individuellen Borniertheiten, Eitelkeiten, Spießigkeiten das Gemälde jener geistigen Disposition entwirft, die diese Menschheitskatastrophe erst ermöglicht hat. Ähnliches gilt für das Buch *Die dritte Walpurgisnacht*, das Kraus 1933 unter dem Eindruck der Machtergreifung Hitlers schrieb und dessen immerhin dreihundert Seiten er den Satz voranstellte: »Mir fällt zu Hitler nichts ein«. Kraus ließ dann allerdings den Druck stoppen, weil er für das Schicksal derer nicht verantwortlich sein wollte, die man »im Reich« mit seinem Buch ertappte. Erst nach dem Krieg kam es zur Veröffentlichung. Sein Material sind allen zugängliche Zeitungsberichte, mit deren Hilfe er den Charakter des Regimes entlarvte. Die verlogene Phraseologie ließ ihn das Künftige – »mit apokalyptischer Genauigkeit«, hätte er wohl selbst gesagt – vorwegnehmen. Damit straft er alle Lügen, die hinterher behaupteten, man hätte von nichts gewusst, und er entlarvt darin vor allem die geistigen Wegbereiter wie Martin Heidegger oder Gottfried Benn, die nach dem Krieg wieder ihre soziale Anerkennung und akademische Position behaupten konnten.

Hans Weigel hat in seiner überaus empfehlenswerten Kraus-Biografie[1] die interessante These aufgestellt, das Phänomen Kraus sei vor allem von daher verständlich, dass ihm selbst eine Karriere als Schauspieler verwehrt gewesen sei (als Neunzehnjähriger erlebte er an einer Vorstadtbühne ein Debakel) und er ein Leben lang versucht habe, sich der Sphäre des Theaters auf Umwegen zu nähern. Wenn diese These m.E. auch als Gesamtdeutung von Karl Kraus zu kurz greift, so ist sie doch aufschlussreich. Immerhin hat Kraus selbst bekannt, er wäre wohl der einzige Schriftsteller, der sein Schreiben schauspielerisch erlebe, und seine über siebenhundert Vorlesungen hat er selbst als »Theater der Dichtung« bezeichnet. Jedenfalls gewinnen seine hier wiedergegebenen Aphorismen zu Drama und Schauspielkunst biografische Plausibilität.

Einen lexikalischen Eintrag über sich, in dem zu lesen war: »kritisiert die Auswüchse der Presse« hat Karl Kraus korrigiert, indem er »Auswüchse der« tilgte. Das Unwesen der Presse galt ihm ohne Unterschied als die Verallgemeinerung der Phrase, der Lüge, des Ungeistes

---

1   Hans Weigel, Karl Kraus oder Die Macht der Ohnmacht, München 1972.

der Zeit. Zu beachten bleibt hierbei, dass die Presse noch nicht der heutigen Gesetzgebung und den heute geltenden journalistischen Standards unterworfen war. Eine Unterscheidung zwischen redaktionellem Bericht und bezahlter Anzeige war vielfach nicht möglich. Dennoch erscheint Kraus hier gerade angesichts unserer Durchkommerzialisierung der Medien (Privatfernsehen) und deren Rolle bei der Zurichtung der Menschen auf die Zwecke der Produktion aktueller denn je.

Viel entscheidender noch ist Kraus' geradezu metaphysische Auffassung von Sprache. Er selbst hat sich zu einem „verbotenen Intimverhältnis" zur Sprache bekannt. Sprache war für ihn nicht etwas, das man »beherrscht«, sondern das sich einem erschließt, eine Sphäre, in die man hineinwächst, der man zu dienen hat, und eben kein Handwerk. Seine Auffassung von Sprache, der so viele Aphorismen gewidmet sind, kann man am besten durch die Lektüre seiner Essais *Nestroy und die Nachwelt* bzw. *Heine und die Folgen* ergründen. Das Problematische, Befremdliche an Karl Kraus sei nicht verschwiegen. Da ist zunächst sein Verhältnis zur zu seiner Zeit gerade entstehenden Psychoanalyse, der hier höchst geistreiche und vergnügliche Aphorismen gewidmet sind. Sicher ist zu bedenken, dass Kraus' satirische Angriffe vor allem jener verflachenden Breitenwirkung der jungen Wissenschaft galten und nicht in erster Linie dieser selbst. Recht ist ihm in jedem Fall zu geben, wenn er sich scharfsinnig gegen einen Reduktionismus wendet, der allzu platt alle Dimensionen des Menschseins in durchschaubare Mechanismen des Unbewussten auflösen will. Doch es bleibt der Eindruck, dass hier »das Kind mit dem Bade« ausgeschüttet wird. Übrigens empfand umgekehrt Sigmund Freud für Karl Kraus – vor allem wegen dessen mutiger Haltung gegenüber der verlogenen Gesellschaftsmoral und Sexualgesetzgebung – größte Hochachtung.

Problematisch, ja aus heutiger Sicht schier unerträglich sind viele Aussagen zum Thema „Frau"; auf viele wurde deshalb in dieser Auswahl auch verzichtet. Hier ist auf den Hintergrund zu verweisen: Im Jahr 1903 erschien das Buch *Geschlecht und Charakter* des erst 23-jährigen Otto Weininger, das von vielen damaligen Größen der Geisteswelt enthusiastisch gefeiert wurde. Weininger schöpft darin aus einem reichhaltigen philosophischen, psychologischen, biologischen und historischen Wissen, das er zu einer Theorie der Geschlechter verarbeitet, die heute nur noch als hanebüchen bezeichnet werden kann: Der Frau spricht er von Natur her jegliche Fähigkeit zu Logik, Ethik etc. ab, er weist ihr das Feld der Lust und Sinnlichkeit zu. Individualität, Wille, etc. eignen einzig dem Mann. Karl Kraus gehörte – wie etwa auch Strindberg – zu den vielen Intellektuellen seiner Zeit, die Weiningers Thesen begeistert rezipierten. Nach Weiningers spektakulärem Suizid noch im Jahr des Erscheinens seines Buches erschienen Würdigungen in der *Fackel*. Diese kruden Auffassungen stehen allerdings auch in auffallendem Kontrast zur Hochachtung, die Karl Kraus selbst den von ihm geliebten Frauen entgegenbrachte – der früh verstorbenen Schauspielerin Annie Kalmar, seiner großen Liebe Sidonie von Nádherny und schließlich Helene Kann, die ihn ins Sterben begleitete – und von der es beeindruckende literarische Zeugnisse (etwa Gedichte) gibt. Gerade diejenigen, die Kraus schätzen und verehren, berührt es dennoch peinlich, dass Kraus aus dieser trüben Quelle schöpft. Allerdings: Im Gegensatz zu Weininger selbst hat Kraus ganz andere, höchst progressive Schlussfolgerungen aus diesen Thesen gezogen! Dazu gehört etwa die Verteidigung der Prostitution – einer Dienstleistung, die sich jeder bürgerlichen Moralität als überlegen erweist. Sie fügt sich freilich ein in Kraus` Gesamthaltung zu Sexualmoral und Sexualgesetzgebung. Dazu zählt seine unerschütterliche Position, dass sich der Staat in Belange des Geschlechtslebens nicht einzumischen habe und dass gerade die gesetzlich verordnete Sexualmoral das Verbrechen – etwa in Gestalt von Erpressung und Wucher – zeitige. Mit größter satirischer Schärfe etwa »erledigt« Kraus Maximilian Harden, der den politischen Gegner mit dem Vorwurf der Homosexualität zu diskreditieren versucht. Als Hintergrundlektüre der diesbezüglichen hier wiedergegebenen Aphorismen sei Kraus' programmatischer Essai *Sittlichkeit und Kriminalität* empfohlen, aber auch *Die chinesische Mauer*. In seinen Aussagen zur Vielgestaltigkeit des Eros, der sich jeder bürgerlichen Reglementierung widersetzt, hat sich Kraus wiederum als feinsinniger Beobachter und Interpret menschlichen Empfindens erwiesen.

Schon erwähnt wurde die Haltung Karl Kraus' zum Ersten Weltkrieg, der in diesem Band neben knappen Aphorismen auch durchaus längere Textabschnitte gewidmet sind. Am 1. August 1914, als der Mainstream der Literaten in den abstoßendsten Jubel der Kriegsbegeisterung einstimmte, hat Karl Kraus zunächst geschwiegen. Erst im Dezember brach er dieses Schweigen mit seiner programmatischen Anrede *In dieser großen Zeit*. Sie sei nachdrücklich als Hintergrundlektüre der hier wiedergegebenen Texte empfohlen – ebenso wie die vielen, oft kurzen und leichter verdaulichen Glossen aus den Kriegsjahrgängen der »Fackel«.

Möge diese Aphorismensammlung vor allem dazu anregen, mehr aus dem Werk von Karl Kraus zu lesen. Die hier erwähnten Texte können als kleine Leseanleitung dienen.

Für viele, die Karl Kraus hier zum ersten Mal lesen, wird sich da und dort ein Wiedererkennungseffekt einstellen: »Schon mal gehört!« Viele seiner Aphorismen wurden aus dem Gesamtzusammenhang herausgepflückt und ohne Quellenangabe weitertradiert. Selbst die humorlosesten »Komiker« unserer Fernsehunterhaltung haben sich an Karl Kraus vergriffen. Die Herkunft vieler „Bonmots", die bei Kraus noch Gedanken waren, ist heute vielfach nicht mehr bewusst. Freilich hat Kraus auch dies schon vorweggenommen und darauf hingewiesen, dass seine Gedanken nur innerhalb der Atmosphäre seines Gesamtwerkes wirklich lebendig gedeihen und davon isoliert schnell verwelken. Und der posthumen Ausschlachtung seines Werkes ist er selbst in der für sich selbst entworfenen Grabesinschrift zuvorgekommen:

Wie leer ist es hier
an meiner Stelle.
Vertan alles Streben.
Nichts bleibt von mir
als die Quelle,
die sie nicht angegeben.

Bruno Kern

Erstes Buch

Sprüche und Widersprüche

I. Weib, Fantasie

Des Weibes Sinnlichkeit ist der Urquell, an dem sich des Mannes Geistigkeit Erneuerung holt.

*

Die wahre Beziehung der Geschlechter ist es, wenn der Mann bekennt: Ich habe keinen andern Gedanken als dich und darum immer neuc!

*

Das gedankenloseste Weib liebt im Dienste einer Idee, wenn der Mann im Dienste eines Bedürfnisses liebt. Selbst das Weib, das nur fremdem Bedürfnis opfert, steht sittlich höher als der Mann, der nur dem eigenen dient.

*

Männerfreuden – Frauenleiden.

*

Wenn eine Frau auf das Wunderbare wartet, so ist es ein verfehltes Rendezvous: Das Wunderbare hat auf die Frau gewartet. Die Unpünktlichen!

*

Nichts ist unergründlicher als die Oberflächlichkeit des Weibes.

*

Den Inhalt einer Frau erfasst man bald. Aber bis man zur Oberfläche vordringt!

*

Der Spiegel dient bloß der Eitelkeit des Mannes; die Frau braucht ihn, um sich ihrer Persönlichkeit zu versichern.

*

Die Erotik des Mannes ist die Sexualität des Weibes.

*

Der »Verführer«, der sich rühmt, Frauen in die Geheimnisse der Liebe einzuweihen: Der Fremde, der auf dem Bahnhof ankommt und sich erbötig macht, dem Fremdenführer die Schönheiten der Stadt zu zeigen.

*

Das aktive Wahlrecht des Männchens haben die Realpolitiker der Liebe geschaffen.

*

Sie behandeln eine Frau wie einen Labetrunk. Dass die Frauen Durst haben, wollen sie nicht gelten lassen.

*

Eine Frau, die gern Männer hat, hat nur einen Mann gern.

*

Auch geistige und sittliche Qualitäten des Weibes vermögen die wertlose Geschlechtlichkeit des Mannes anzuregen. Es kann kompromittierend sein, sich mit einer anständigen Frau auf der Straße zu zeigen; aber es grenzt geradezu an Exhibitionismus, mit einem jungen Mädchen ein Gespräch über Literatur zu führen.

*

Wenn ein Weib einen Mann warten lässt, und er nimmt mit einer andern vorlieb, so ist er ein Tier. Wenn ein Mann ein Weib warten lässt, und sie nimmt mit keinem andern vorlieb, so ist sie eine Hysterikerin. Phallus ex machina – der Erlöser.

*

Hundert Männer werden ihrer Armut inne vor einem Weib, das reich wird durch Verschwendung.

*

Die Sexualität der Frau besiegt alle Hemmungen der Sinne, überwindet jedes Ekelgefühl. Manche Gattin würde sich mit der Trennung vom Tisch begnügen.

*

Wie wenig Verlass ist auf eine Frau, die sich auf einer Treue ertappen lässt! Sie ist heute dir, morgen einem andern treu.

*

Ich vertraue nur jener, die den Genuss nicht allemal mit seelischer Empfängnis büßt und die jedes Erlebnis in der Wanne des Vergessens abspült.

*

Sie sagte sich: Mit ihm schlafen, ja – aber nur keine Intimität!

*

An allen Geschäften des Lebens ist das Weib mit seinem Geschlecht beteiligt. Zuweilen selbst an der Liebe.

*

Ein Weib, dessen Sinnlichkeit nie aussetzt, und ein Mann, dem ununterbrochen Gedanken kommen: zwei Ideale der Menschlichkeit, die der Menschheit krankhaft erscheinen.

*

Die Frau ist da, damit der Mann durch sie klug werde. Er wird es nicht, wenn er aus ihr nicht klug werden kann. Oder wenn sie zu klug ist.

*

Ein Liebesverhältnis, das nicht ohne Folgen blieb. Er schenkte der Welt ein Werk.

*

Welche Wollust, sich mit einer Frau in das Prokrustesbett seiner Weltanschauung zu legen!

*

Ich stehe immer unter dem starken Eindruck dessen, was ich von einer Frau denke.

*

Wenn ich eine Frau so auslegen kann, wie ich will, ist es das Verdienst der Frau.

*

Der Ästhetiker: Sie wäre ein Ideal, aber – diese Hand! Der Erotiker: Sie ist mein Ideal; also müssen alle Frauen diese Hand besitzen!

*

Zur Vollkommenheit fehlte ihr nur ein Mangel.

*

Schönheitsfehler sind die Hindernisse, an denen sich die Bravour des Eros bewährt. Bloß Weiber und Ästheten machen eine kritische Miene.

*

Eine Frau, die nicht hässlich sein kann, ist nicht schön.

*

Es gibt Frauen, die nicht schön sind, sondern nur so aussehen.

*

Einförmige Schönheit versagt gerade in dem Augenblick, auf den es hauptsächlich ankommt.

*

Kosmetik ist die Lehre vom Kosmos des Weibes.

*

Wenn Frauen, die sich schminken, minderwertig sind, dann sind Männer, die Fantasie haben, wertlos.

*

Nacktheit ist kein Erotikum, sondern Sache des Anschauungsunterrichtes. Je weniger eine anhat, um so weniger kann sie der besseren Sinnlichkeit anhaben.

*

Es kommt gewiss nicht bloß auf das Äußere einer Frau an. Auch die Dessous sind wichtig.

*

Sexus und Eros
Dem Sexus kommt es darauf an:
„Weib ist Weib" und „Mann ist Mann".
Eros aber deckt den Leib:
Weib ist Mann und Mann ist Weib.
Sucht das Tier den Unterschied,
Paart der Geist sich, wo es flieht.

*

Dem Erotiker wird das Hauptmerkmal des Geschlechts nie Anziehung, stets Hemmung. Auch das weibliche Merkmal. Darum kann er zum Knaben wie zum Weibe tendieren. Den gebornen Homosexuellen zieht das Merkmal des Mannes an, gerade so wie den „Normalen" das Merkmal des Weibes als solches anzieht. Jack the Ripper ist „normaler" als Sokrates.

*

Perversität ist entweder eine Schuld der Zeugung oder ein Recht der Überzeugung.

*

Wer da gebietet, dass Xanthippe begehrenswerter sei als Alkibiades, ist ein Schwein, das immer nur an den Geschlechtsunterschied denkt.

Man glaubt mit einem Mann zu sprechen, und plötzlich fühlt man, dass sein Urteil aus dem Uterus kommt. Das beobachtet man häufig, und man sollte so gerecht sein, die Menschen nicht nach den physiologischen Merkmalen, die zufällig da sind, zu unterscheiden, sondern nach jenen, die fehlen.

*

In der Sprachkunst nennt man es eine Metapher, wenn etwas „nicht im eigentlichen Sinne gebraucht wird". Also sind Metaphern die Perversitäten der Sprache und Perversitäten die Metaphern der Liebe.

*

Der Voyeur besteht die Kraftprobe des natürlichen Empfindens: Der Wille, das Weib mit dem Mann zu sehen, überwindet selbst den Widerwillen, den Mann mit dem Weib zu sehen.

*

Das erotische Vergnügen ist ein Hindernisrennen.

*

Mit Frauen muss man, wenn sie lange fort waren, Feste des Nichtwiedererkennens feiern.

*

Perversität ist die Gabe, Vorstellungswerte und Empfindungen zu einem Ideal zu summieren.

*

Als normal gilt, die Virginität im Allgemeinen zu heiligen und im Besondern nach ihrer Zerstörung zu lechzen.

*

Ist der „Masochismus" die Unfähigkeit, anders als im Schmerz zu genießen, oder die Fähigkeit, aus Schmerzen Genuss zu ziehen?

*

Es gibt kein unglücklicheres Wesen unter der Sonne als einen Fetischisten, der sich nach einem Frauenschuh sehnt und mit einem ganzen Weib vorliebnehmen muss.

*

Sie verkürzen sich die Zeit mit Kopfrechnen: Er zieht die Wurzel aus ihrer Sinnlichkeit und sie erhebt ihn zur Potenz.

*

Siehe den Parallelismus von Witz und Erotik. Aus der Hemmung sind beide geboren. Dort ist sie ein Wehr im Fluss der Sprache, hier im Strom des Geschlechts. Strömt es ungedämmt, heilige Naturkraft macht uns ehrfürchtig erschauern: Das Weib koitiert genialisch ... Nur einen Buchstaben hinein, eine Hemmung des Gehirns, und wir wissen uns im Schutz einer Kultur, deren Schrecken uns nicht einmal mit Bewunderung erfüllen können: Die Dame kogitiert genitalisch.

Das Vollweib betrügt, um zu genießen. Das andere genießt, um zu betrügen.

*

Das höchste Vertrauensamt: Beichtvater unterlassener Sünden.

*

Sie hatte so viel Schamgefühl, dass sie errötete, wenn man sie bei keiner Sünde ertappte.

*

Wohltätige Frauen sind oft solche, denen es nicht mehr gegeben ist, wohlzutun.

*

Wohltätige Frauen stellen eine bestimmte und besonders gefährliche Form übertragener Sexualität dar: die Samaritiasis.

*

Frauenkunst: Je besser das Gedicht, desto schlechter das Gesicht.

*

Eine, die mit Vitriol umgeht, ist auch imstande, zur Tinte zu greifen.

*

Viele Frauen möchten mit Männern träumen, ohne mit ihnen zu schlafen. Man mache sie auf das Unmögliche dieses Vorhabens nachdrücklich aufmerksam.

*

Mit Frauen führe ich gern einen Monolog. Aber die Zwiesprache mit mir selbst ist anregender.

*

Da das Halten wilder Tiere gesetzlich verboten ist und die Haustiere mir kein Vergnügen machen, so bleibe ich lieber unverheiratet.

*

Ein Weib ist manchmal ein ganz brauchbares Surrogat für die Selbstbefriedigung. Freilich gehört ein Übermaß von Fantasie dazu.

*

Weiber sind oft ein Hindernis für sexuelle Befriedigung, aber als solches erotisch verwertbar.

*

Sich im Beisammensein mit einer Frau vorzustellen, dass man allein ist – solche Anstrengung der Fantasie ist ungesund.

*

Bei dem Vergnügen, das einer am Betrug empfindet, ist die Schönheit der Frau eine angenehme, wenn auch nicht notwendige Begleiterscheinung.

*

In der Nacht sind alle Kühe schwarz, auch die blonden.

*

Von einem Bekannten hörte ich, dass er durch Vorlesen einer meiner Arbeiten eine Frau gewonnen hat. Das rechne ich zu meinen schönsten Erfolgen. Denn wie leicht hätte ich selbst in diese fatale Situation geraten können.

*

Aber ein so besonderes Vergnügen ist die Enthaltung vom Weibe auch nicht, das muss ich schon sagen!

*

Wenn ein Frauenkenner sich verliebt, so gleicht er dem Arzt, der sich am Krankenbett infiziert. Berufsrisiko.

*

Nur ein Mann sollte sich unglückliche Liebe zu Herzen nehmen. Eine Frau sieht dabei so schlecht aus, dass ihr Unglück in der Liebe begreiflich wird.

*

Ein Weib ohne Spiegel und ein Mann ohne Selbstbewusstsein – wie sollten die sich durch die Welt schlagen?

*

Jedes Weib sieht aus der Entfernung größer aus als in der Nähe. Bei den Weibern ist also nicht nur die Logik und die Ethik, sondern auch die Optik auf den Kopf gestellt.

*

Man kann eine Frau wohl in flagranti ertappen, aber sie wird noch immer Zeit genug haben, es in Abrede zu stellen.

*

Es geht nichts über die Treue einer Frau, die in allen Lagen an der Überzeugung festhält, dass sie ihren Mann nicht betrüge.

*

Die anständigen Frauen empfinden es als die größte Dreistigkeit, wenn man ihnen unter das Bewusstsein greift.

*

Das Gesetz enthält leider keine Bestimmung gegen die Männer, die ein unschuldiges junges Mädchen unter der Zusage der Verführung heiraten und wenn das Opfer eingewilligt hat, von nichts mehr wissen wollen.

*

Die einen verführen und lassen sitzen; die andern heiraten und lassen liegen. Diese sind die Gewissenloseren.

*

Mancher rächt an einer Frau durch Gemeinheit, was er durch Torheit an ihr gesündigt hat.

*

Den Frauen gegenüber ist man durch die Gesellschaftsordnung immer nur darauf angewiesen, entweder Bettler oder Räuber zu sein.

*

Treu und Glauben im Geschlechtsverkehr ist eine Börsenusance.

*

Eine Frau muss wenigstens so geschickt kokettieren können, dass der Gatte es merkt. Sonst hat er gar nichts davon.

*

Nur der liebt eine Frau wahrhaft, der auch eine Beziehung zu ihren Liebhabern gewinnt. Im Anfang bildet das immer die größte Sorge. Aber man gewöhnt sich an alles, und es kommt die Zeit, wo man eifersüchtig wird und es nicht verträgt, dass ein Liebhaber untreu wird.

*

Es müssen nicht immer Vorzüge des männlichen Charakters oder Geistes sein, was die Frauen zur Untreue veranlasst. Was betrogen wird, ist vor allem die Lächerlichkeit der offiziellen Stellung, die der Besitzer einnimmt. Und dagegen bieten selbst körperliche Vorzüge nicht immer einen Schutz.

*

Es genügt, eine Frau anzusehen, um eine tiefe Verachtung für ihre Liebhaber zu gewinnen. Nie aber möchte ich sie mit der Verantwortung für diese belasten.

*

Wie viel gäbe er ihr, wenn sie ihn um seiner selbst willen liebte!

*

Ich kann mich so bald nicht von dem Eindruck befreien, den ich auf eine Frau gemacht habe.

*

Er war so eifersüchtig, dass er die Qualen des Mannes empfand, den er betrog, und der Frau an die Gurgel fuhr.

*

Vergleichende Erotik
So wird das Wunderbild der Venus fertig:
Ich nehme hier ein Aug, dort einen Mund,
hier eine Nase, dort der Brauen Rund.
Es wird Vergangenes mir gegenwärtig.

Hier weht ein Duft, der längst verweht und weit,
hier klingt ein Ton, der längst im Grab verklungen.
Und leben wird durch meine Lebenszeit
das Venusbild, das meinem Kopf entsprungen.

*

Es ist nicht wahr, dass man ohne eine Frau nicht leben kann. Man kann bloß ohne eine Frau nicht gelebt haben.

*

Das vom Mann verstoßene »Weibchen« rächt sich. Es ist eine Dame geworden und hat ein Männchen im Haus.

II. Moral, Christentum

Sittlichkeit ist das, was ohne unzüchtig zu sein mein Schamgefühl gröblich verletzt.

*

Kategorien
Ob sündig oder sittenrein?
Ob lebend oder schon begraben?
Doch teilt ihr sie auch in Gefallene ein
und solche, die nicht gefallen haben.

*

Moralische Verantwortung ist das, was dem Mann fehlt, wenn er es von der Frau verlangt.

*

Ein Justizmord der Gesellschaftsordnung macht den andern notwendig. Da sie die Huren in die Familie gesperrt hat, muss sie die Mütter ins Bordell sperren. Es ist einfach eine Platzfrage.

*

Die Gesellschaft braucht Frauen, die einen schlechten Charakter haben. Solche, die gar keinen haben, sind ein bedenkliches Element.

*

Wie stellen sich denn die Tröpfe, nach deren Plan wir leben müssen, eine »Verworfene« vor? Neunzig unter hundert könnten sie ihren Kindern als Erzieherinnen geben. Es ist eine Freudenhausbackenheit, die selbst durch das Leben in einem Nonnenkloster nicht zu verderben wäre.

*

Tugend und Laster sind verwandt wie Kohle und Diamant.

*

Erotik ist Überwindung von Hindernissen. Das verlockendste und populärste Hindernis ist die Moral.

*

Wie schön, wenn ein Mädchen seine gute Erziehung vergisst!

*

Das Virginitätsideal ist das Ideal jener, die entjungfern wollen.

*

Wird in Deutschland der dramatische Knoten noch immer aus der Jungfernhaut geschürzt?

*

Der verfluchte Kerl, rief sie, hat mich in gesegnete Umstände gebracht!

*

„Gefallene Frauen"? In die Ehe gefallene Huren!

*

Es ist nicht Sitte, eine Frau zu heiraten, die vorher ein Verhältnis gehabt hat. Aber es ist Sitte, mit einer Frau ein Verhältnis zu haben, die vorher geheiratet hat.

*

Eine Frau wird doch nicht soviel Rücksicht auf die Gesellschaft nehmen, dass sie den Ehebruch immer begeht, den ihr die Leute nachsagen?

*

Das ist der Triumph der Sittlichkeit: Ein Dieb, der in ein Schlafzimmer gedrungen ist, behauptet, sein Schamgefühl sei verletzt worden, und erpresst durch Drohung mit der Anzeige wegen Unsittlichkeit die Unterlassung der Anzeige wegen Einbruchs.

*

Die Moral ist ein Einbruchswerkzeug, welches den Vorzug hat, dass es nie am Tatort zurückgelassen wird.

*

So will es die Gesellschaftsordnung: Wenn irgendwo ein Mord geschehen ist, wo zwei Leute auch zu einem Geschlechtsakt zusammengetroffen sind, so werden sie lieber den Verdacht des Mordes ertragen als den des Geschlechtsverkehrs.

*

Die Sitte verlangt, dass ein Lustmörder den Mord zugebe, aber nicht die Lust.

*

Die Unzucht mit Tieren ist verboten, das Schlachten von Tieren ist erlaubt. Aber hat man noch nicht bedacht, dass es ein Lustmord sein könnte?

*

Die Unsittlichkeit kommt an den Tag und wirkt dennoch nicht abschreckend. Umso betrüblicher ist es, dass die Sittlichkeit, die im Staate waltet, nicht enthüllt wird und darum nicht vorbildlich wirken kann. Wenn man sie nicht hin und wieder in Form der Erpressung zu spüren bekäme, man wüsste rein nicht, dass sie auf der Welt ist.

*

Auf die Frage, ob er denn wisse, was „unschicklich" sei, hat einmal ein kleiner Junge geantwortet: „Unschicklich ist, wenn jemand dabei ist." Und der erwachsene Gesetzgeber möchte immer dabei sein!

*

Enthaltsamkeit rächt sich immer. Bei dem einen erzeugt sie Pusteln, beim andern Sexualgesetze.

*

Sittlichkeit und Kriminalität
Wir können ruhig schlafen,
weil man ins freie Feld der Lust
den Paragrafen
als Vogelscheuche stellt.
Doch Warnung lockt den Flieger,
die Scheuche schreckt den Schlaf;
die Lust bleibt immer Sieger,
ihr Schmuck der Paragraf!

*

Es wäre eine interessante Statistik: Wie viel Leute durch Verbote dazu gebracht werden, sie zu übertreten. Wie viel Taten die Folgen der Strafen sind. Interessant wäre es, zu erfahren, ob mehr Kinderschändungen trotz oder wegen der Altersgrenze begangen werden.

*

Keine Grenze verlockt mehr zum Schmuggeln als die Altersgrenze.

*

Die Strafen dienen zur Abschreckung derer, die keine Sünden begehen wollen.

*

Ein Sittlichkeitsprozess ist die zielbewusste Entwicklung einer individuellen zur allgemeinen Unsittlichkeit, von deren düsterem Grunde sich die erwiesene Schuld des Angeklagten leuchtend abhebt.

*

Der Skandal fängt an, wenn die Polizei ihm ein Ende macht.

*

Die Sittenpolizei macht sich der Einmischung durch eine Amtshandlung schuldig.

*

Sie richten, damit sie nicht gerichtet werden.

*

> *Reinigung*
> Verachtung der Prostitution?
> Die Huren schlimmer als Diebe?
> Lernt: Liebe nimmt nicht nur Lohn,
> Lohn gibt auch Liebe!

*

Weh dem armen Mädchen, das auf dem Pfade des Lasters strauchelt!

*

Die Sündenmoral ist darauf aus, die Ursachen, auf die das Kinderkriegen zurückzuführen ist, zu beseitigen. Sie sagt, die Abtreibung der Lust sei ungefährlich, wenn sie unter allen Kautelen der theologischen Wissenschaft durchgeführt werde.

*

Es ist höchste Zeit, dass die Kinder die Eltern über die Geheimnisse des Geschlechtslebens aufklären.

*

Zum Teufel mit dem Geschwätz über die sexuelle Aufklärung der Jugend! Sie erfolgt noch immer besser durch den Mitschüler, der im Lesebuch das Wort »Floren« anstreicht, als durch den Lehrer, der die Sache als eine staatliche Einrichtung erklärt, die so wichtig sei und so kompliziert wie das Steuerzahlen.

*

Die Liebe als Naturwissenschaft! Das Verbot der Lust bleibt aufrecht, und nun wird uns auch die Romantik des Verbots verboten. Wir aber bitten: Wenn schon Christentum, dann lieber mit Weihrauch, Orgelklängen und Dunkel! Da bietet die Kirche etwas Ersatz für das, was sie nimmt.

*

Jedes Gespräch über das Geschlecht ist eine geschlechtliche Handlung. Den Vater, der seinen Sohn aufklärt, dieses Ideal der Aufklärung, umgibt eine Aura von Blutschande.

*

Nur wer ein Problem nicht durchlebt hat, wird imstande sein, einen Leitartikel daraus zu machen. Aber gegen jene unerschrockene Jugend, die heute auf dem Marktplatz Sexualfreiheit rekommandiert, muss man die Eltern und Lehrer in Schutz nehmen. Ihre Lebensfremdheit ist erlebt.

*

Der Unmoralprotz ist dem Moralprotzen verwandter als die Unmoral der Moral.

*

Erkenntnisse des erotischen Lebens gehören der Kunst, nicht der Bildung. Nur manchmal müssen sie den Analphabeten vorbuchstabiert werden. Es kommt vor allem darauf an, die Analphabeten zu überzeugen, da sie ja die Strafgesetze machen.

*

Das Christentum hat die erotische Mahlzeit um die Vorspeise der Neugier bereichert und durch die Nachspeise der Reue verdorben.

*

Gewissensbisse sind die sadistischen Regungen des Christentums.

*

Christlicher Umlaut
Seit die Lust aus der Welt entschwand und die Last ihr beschieden,
Lebt sie am Tag mit der Last, flieht sie des Nachts zu der List.

*

Der Judaskuss, den die christliche Kultur dem menschlichen Geiste gab, war der letzte Geschlechtsakt, den sie
gewährte.

Die Tantaluswonnen gehören in die Mythologie des
Christentums.

*

Die Menschheit ist im Mittelalter hysterisch geworden,
weil sie die sexuellen Eindrücke ihrer griechischen
Knabenzeit schlecht verdrängt hat.

III. Mensch und Nebenmensch

Der Übermensch ist ein verfrühtes Ideal, das den Menschen voraussetzt.

*

Wer andern keine Grube gräbt, fällt selbst hinein.

*

Kein Zweifel, der Hund ist treu. Aber sollen wir uns deshalb ein Beispiel an ihm nehmen? Er ist doch dem Menschen treu und nicht dem Hund.

*

Unter Dankbarkeit versteht man gemeinhin die Bereitwilligkeit, lebenslänglich Salbe aufzuschmieren, weil man einmal Läuse gehabt hat.

*

Nichts ist dem Kommis teurer als sein Ehrenwort. Aber bei Abnahme einer größeren Partie wird Rabatt gewährt.

*

Die Ehre ist der Wurmfortsatz im seelischen Organismus. Ihre Funktion ist unbekannt, aber sie kann Entzündungen bewirken. Man soll sie getrost den Leuten abschneiden, die dazu inklinieren, sich beleidigt zu fühlen.

*

Wie souverän doch ein Dummkopf die Zeit behandelt! Er vertreibt sie sich oder schlägt sie tot. Und sie lässt sich das gefallen. Denn man hat noch nie gehört, dass die Zeit einen Dummkopf vertrieben oder totgeschlagen hat.

*

Fluch dem Gesetz! Die meisten meiner Mitmenschen sind traurige Folgen einer unterlassenen Fruchtabtreibung.

*

Nichts ist engherziger als Chauvinismus oder Rassenhass. Mir sind alle Menschen gleich, überall gibt's Schafsköpfe, und für alle habe ich die gleiche Verachtung. Nur keine kleinlichen Vorurteile!

*

Am Chauvinismus ist nicht so sehr die Abneigung gegen die fremden Nationen als die Liebe zur eigenen unsympathisch.

*

Religion, Moral und Patriotismus sind Gefühle, die sich erst dann bekunden, wenn sie verletzt werden. Der Sprachgebrauch, welcher sagt, dass einer, der leicht zu beleidigen ist, „gern" beleidigt ist, hat recht. Jene Gefühle lieben nichts so sehr wie ihre Kränkung, und sie leben ordentlich auf in der Beschwerde über den Gottlosen, den Sittenlosen, den Vaterlandslosen. Den Hut vor der Monstranz zu ziehen ist bei Weitem keine so große Genugtuung, wie ihn jenen vom Kopf zu schlagen, die andersgläubig oder kurzsichtig sind.

*

Der Scharfsinn der Polizei ist die Gabe, alle Menschen eines Diebstahls für fähig zu halten, und das Glück, dass sich die Unschuld mancher nicht erweisen lässt.

*

Ein Polizist nimmt es meistens übel, wenn man ihn in eine Amtshandlung einmengt.

*

Alles Leben in Staat und Gesellschaft beruht auf der stillschweigenden Voraussetzung, dass der Mensch nicht denkt. Ein Kopf, der nicht in jeder Lage einen aufnahmsfähigen Hohlraum darstellt, hat es gar schwer in der Welt.

*

Bei gleicher Geistlosigkeit kommt es auf den Unterschied der Körperfülle an. Ein Dummkopf sollte nicht zu viel Raum einnehmen.

*

Der Geist enttäuscht im persönlichen Verkehr, aber die Dummheit ist immer produktiv. Lässt man sie auf den Geist einwirken, so kann sie eine vollständige Ermüdung erzeugen, während dieser auf die Dummheit keinerlei belebenden Einfluss hat. Wie man im Gespräch mit einem Schwachkopf körperlich verfällt, wie die Gesichtsfarbe fahl und die Haut schlaff wird, das sollte ein medizinisches Problem sein. Man hat vielleicht um ein Pfund abgenommen, und das ist, wie jede forcierte Abmagerungskur, bedenklich.

*

Nicht auf alle Grüße muss man antworten. Vor allem nicht auf solche, die bloß eine Bitte um Gunst ausdrücken. Der Gruß an einen Kritiker ist der Gruß der Furcht, er ist nicht höher zu werten als der Fiakergruß, der ein Gruß der Hoffnung ist: Die Grüßenden wünschen sich selbst einen guten Tag. Man soll die Gesinnung, die eine Freundlichkeit zu gewinnsüchtigen Zwecken missbraucht, nicht auch noch mit einer körperlichen Unbequemlichkeit belohnen.

*

Viele haben den Wunsch, mich zu erschlagen. Viele den Wunsch, mit mir ein Plauderstündchen zu verbringen. Gegen jene schützt mich das Gesetz.

*

Eine merkwürdige Art Mensch ist der Beamte eines magistratischen Bezirksamtes. Erledige ich eine Angelegenheit schriftlich, so lädt er mich vor. Gehe ich das andere Mal gleich selbst hin, so fordert er mich auf, eine Eingabe zu machen. Ich muss rein auf die Vermutung kommen, dass er das eine Mal mich kennenlernen und das andere Mal ein Autogramm von mir haben wollte.

*

Sorrent, im August: Ich habe nun seit zwei Wochen kein deutsches Wort gehört und kein italienisches verstanden. So lässt sich's mit den Menschen leben, alles geht wie am Schnürchen, und jedes aufreibende Missverständnis ist ausgeschlossen.

*

Im Theater muss man so sitzen, dass man das Publikum als eine schwarze Masse sieht. Dann kann es einem so wenig anhaben wie dem Schauspieler. Nichts ist störender, als die Individualitäten der Menge unterscheiden zu können.

*

Wer die Menschenverachtung an der Quelle studieren will, setze sich in ein Restaurant, das in der Nähe eines Theaters ist, und betrachte die Gesichter der einströmenden Scharen. Wie die Spannung, die noch auf den Zügen der Dummheit liegt, allmählich nachlässt und die Flucht vor dem Geiste ein neues Ziel findet. Sie schmatzen schon: Das ist der Beifall zum Essen. Und jeder ist einzeln befangen und nur im Chorus glücklich.

*

Wo beginnt denn eigentlich die Unappetitlichkeit und wo hört sie auf? Warum gibt es keine Essklosetts? Öffentlich essen und heimlich verdauen, das passt so den Herrschaften! Und doch geht nichts über die Schamlosigkeit einer Table d'hôte.

*

Die stärkste Kraft reicht nicht an die Energie heran, mit der manch einer seine Schwäche verteidigt.
Am unverständlichsten reden die Leute daher, denen die Sprache zu nichts anderm dient, als sich verständlich zu machen.

*

Es gibt Menschen, die heiser werden, wenn sie ununterbrochen acht Tage lang mit keinem ein Wort gesprochen haben.

*

Familiengefühle zieht man nur bei besonderen Gelegenheiten an.

*

III. Mensch und Nebenmensch

Das Familienleben ist ein Eingriff in das Privatleben.

*

Das Wort „Familienbande" hat einen Beigeschmack von Wahrheit.

*

Auch ein anständiger Mensch kann, vorausgesetzt, dass es nie herauskommt, sich heutzutage einen geachteten Namen schaffen.

*

Ein ganzer Kerl ist einer, der die Lumpereien nie begehen wird, die man ihm zutraut. Ein halber, dem man die Lumpereien nie zugetraut hat, die er begeht.

*

Es gibt Menschen, denen es gelingt, die Vorteile der Welt mit den Benefizien des Verfolgtseins zu vereinigen.

*

Nichts ist trauriger als eine Niedrigkeit, die ihren Lohn nicht erzielt hat. Sie bilde sich nicht nachträglich ein, dass sie Gemeinheit l'art pour l'art sei.

*

Die Einsamkeit wäre ein idealer Zustand, wenn man sich die Menschen aussuchen könnte, die man meidet.

*

Die Welt ist ein Gefängnis, in dem Einzelhaft vorzuziehen ist.
Wenn ich sicher wüsste, dass ich mit gewissen Leuten die Unsterblichkeit zu teilen haben werde, so möchte ich eine separierte Vergessenheit vorziehen.

IV. Presse, Dummheit, Politik

Wie? Die Menschheit verdummt zugunsten des maschinellen Fortschrittes, und wir sollten uns diesen nicht einmal zunutze machen? Sollten mit der Dummheit Zwiesprache halten, wenn wir ihr in einem Automobil entfliehen können?

*

Die Kunst ist dem Philister der Aufputz für des Tages Müh' und Plage. Er schnappt nach den Ornamenten, wie der Hund nach der Wurst.

*

Das Gesindel besichtigt »Sehenswürdigkeiten«. Noch immer wird also bloß gefragt, ob das Grab Napoleons würdig sei, von Herrn Schulze gesehen zu werden, und noch immer nicht, ob Herr Schulze des Sehens würdig sei.

*

Wir waren kompliziert genug, die Maschine zu bauen, und wir sind zu primitiv, uns von ihr bedienen zu lassen. Wir treiben Weltverkehr auf schmalspurigen Gehirnbahnen.

*

Sozialpolitik ist der verzweifelte Entschluss, an einem Krebskranken eine Hühneraugenoperation vorzunehmen.

*

Was die Lues übriggelassen hat, wird von der Presse verwüstet werden. Bei den Gehirnerweichungen der

Zukunft wird sich die Ursache nicht mehr mit Sicherheit feststellen lassen.

*

Unsere Kultur besteht aus drei Schubfächern, von denen zwei sich schließen, wenn eines offen ist: aus Arbeit, Unterhaltung und Belehrung. Die chinesischen Jongleure bewältigen das ganze Leben mit einem Finger. Sie werden also leichtes Spiel haben. Die gelbe Hoffnung!

*

Die Demokratie teilt die Menschen in Arbeiter und Faulenzer. Für solche, die keine Zeit zur Arbeit haben, ist sie nicht eingerichtet.

*

Was macht X? Sich zu schaffen am sausenden Webstuhl der Zeit.

*

Der Parlamentarismus ist die Kasernierung der politischen Prostitution.

*

Die Vorsehung einer gottlosen Zeit ist die Presse, und sie hat sogar den Glauben an eine Allwissenheit und Allgegenwart zur Überzeugung erhoben.

*

Zeit und Raum sind Erkenntnisformen des journalistischen Subjekts geworden.
Die Zeitungen haben zum Leben annähernd dasselbe Verhältnis wie die Kartenaufschlägerinnen zur Metaphysik.

*

Es ist mir rätselhaft, wie ein Theolog gepriesen werden kann, weil er sich dazu durchgerungen habe, an die Dogmen nicht zu glauben. Wahre Anerkennung wie eine Heldentat schien mir immer die Leistung jener zu verdienen, die sich dazu durchgerungen haben, an die Dogmen zu glauben.

*

Wem glauben nicht mehr bedeutet als nichts wissen, der mag über die Dogmen demonstrativ den Kopf schütteln. Aber es ist jämmerlich, sich zu einem Standpunkt erst durchringen zu müssen, bei dem ein Hilfslehrer der Physik längst angelangt ist.

*

Die Modernisten sind die einzigen orthodoxen Katholiken, die es noch gibt. Sie glauben sogar, dass die Kirche an die Lehren glaubt, die sie verkündet, und glauben, dass es auf den Glauben derer ankomme, die ihn zu verbreiten haben.

*

Der Klerikalismus ist das Bekenntnis, dass der andere nicht religiös sei.

*

In Lourdes kann man geheilt werden. Welcher Zauber sollte aber von einem Nervenspezialisten ausgehen?

*

Die alte Wissenschaft versagte dem Geschlechtstrieb bei Erwachsenen ihre Anerkennung. Die neue räumt ein, dass der Säugling beim Stuhlgang schon Wollust spüre. Die alte Auffassung war besser. Denn ihr widersprachen wenigstens bestimmte Aussagen der Beteiligten.

*

Die neuen Seelenforscher sagen, dass alles und jedes auf geschlechtliche Ursachen zurückzuführen sei. Zum Beispiel könnte man ihre Methode als Beichtvater-Erotik erklären.

*

Nervenärzten, die uns das Genie verpathologisieren, soll man mit dessen Gesamten Werken die Schädeldecke einschlagen. Nicht anders soll man mit den Vertretern der Humanität verfahren, die die Vivisektion der Meerschweinchen beklagen und die Benützung der Kunstwerke zu Versuchs-zwecken geschehen lassen. Allen, die sich zum Nachweis erbötig machen, dass Unsterblichkeit auf Paranoia zurückzuführen sei, allen rationalistischen Helfern des Normalmenschentums, die es darüber beruhigen, dass es zu Werken des Witzes und der Fantasie nicht inkliniere, trete man mit dem Schuhabsatz ins Gesicht, wo immer man ihrer habhaft wird. Shakespeare irrsinnig? Dann sinkt die Menschheit auf die Knie und fleht, vor ihrer Gesundheit bang, zum Schöpfer um mehr Irrsinn!

*

Nervenpathologie: Wenn einem nichts fehlt, so heilt man ihn am besten von diesem Zustand, indem man ihm sagt, welche Krankheit er hat.

*

Wie unperspektivisch die Medizin die Symptome einer Krankheit beschreibt! Sie passen immer auch zu den eingebildeten Leiden.

*

Der Momo ist ein unentbehrlicher pädagogischer Behelf im deutschen Familienleben. Erwachsene schreckt man damit, dass man ihnen droht, der Psychiater werde sie holen.

*

Die Irrsinnigen werden von den Psychiatern allemal daran erkannt, dass sie nach der Internierung ein aufgeregtes Benehmen zur Schau tragen.

*

Der Unterschied zwischen den Psychiatern und den anderen Geistesgestörten, das ist etwa das Verhältnis von konvexer und konkaver Narrheit.

*

Die Wissenschaft überbrückt nicht die Abgründe des Denkens, sie steht bloß als Warnungstafel davor. Die Zuwiderhandelnden haben es sich selbst zuzuschreiben.

*

Wahnverpflichtet durchs Leben wanken – das könnte immer noch ein aufrechterer Gang sein als der eines Wissenden, der sich an den Abgründen entlangtastet.

*

Die Religion wird die gebundene Weltanschauung genannt. Aber sie ist im Weltenraum gebunden, und der Liberalismus ist frei im Bezirk.

*

Eine umfassende Bildung ist eine gut dotierte Apotheke; aber es besteht keine Sicherheit, dass nicht für Schnupfen Zyankali gereicht wird.

*

Wenn einer für universell gebildet gilt, hat er vielleicht noch eine große Chance im Leben: dass er es am Ende doch nicht ist.

*

Ja, gibt es denn keinen Schutz gegen den Druckfehler, der, sooft von einer stupiden Belesenheit gesprochen werden soll, eine stupende daraus macht?

*

In einen hohlen Kopf geht viel Wissen.

*

Der Wert der Bildung offenbart sich am deutlichsten, wenn die Gebildeten zu einem Problem, das außerhalb ihrer Bildungsdomäne liegt, das Wort ergreifen.

*

Ob Goethe oder Schiller bei den Deutschen populärer sei, ist ein alter Streit. Und doch hat Schiller mit dem Wort »Franz heißt die Kanaille« nicht entfernt jene tiefgreifende Wirkung geübt, die dem Satz, den Goethes Götz dem Hauptmann zurufen lässt, dank seiner allgemeinen Fassung beschieden war. Da seit Jahrzehnten kaum ein Gerichtstag vergeht, ohne dass der Bericht von dem Angeklagten zu sagen wüsste, er habe an den Kläger »die bekannte Aufforderung aus Goethes Götz gerichtet«, so ist es klar, dass Goethes Nachruhm bei den Deutschen fester gegründet ist. Wie das Volk seine

Geister ehrt, geht aber nicht allein daraus hervor, dass es in Goethes Werken sofort die Stelle entdeckt hat, die der deutschen Zunge am schmackhaftesten dünkt, sondern dass heute keiner mehr so ungebildet ist, die Redensart zu gebrauchen, ohne sich dabei auf Goethe zu berufen.

*

Die Deutschen sitzen an der Tafel einer Kultur, bei der Prahlhans Küchenmeister ist.

*

Die Erde macht mobil, seitdem die Menschen die Eroberung der Luft versuchen.

*

Die Natur mahnt zur Besinnung über ein Leben, das auf Äußerlichkeiten gesteift ist. Eine kosmische Unzufriedenheit gibt sich allenthalben kund; Sommerschnee und Winterhitze demonstrieren gegen den Materialismus, der das Dasein zum Prokrustesbett macht, Krankheiten der Seele als Bauchweh behandelt und das Antlitz der Natur entstellen möchte, wo immer er ihrer Züge gewahr wird: an der Natur, am Weibe und am Künstler. Einer Welt, die ihren Untergang ertrüge, wenn ihr nur seine kinematografische Vorführung nicht versagt bleibt, kann man mit dem Unbegreiflichen nicht bange machen. Aber unsereins nimmt ein Erdbeben als Protest gegen die Errungenschaften des Fortschritts ohne Weiteres hin und zweifelt keinen Augenblick an der Möglichkeit, dass ein Übermaß menschlicher Dummheit die Elemente empören könnte.

*

Die Aufgabe der Religion: die Menschheit zu trösten, die zum Galgen geht; die Aufgabe der Politik: sie lebensüberdrüssig zu machen; die Aufgabe der Humanität: ihr die Galgenfrist abzukürzen und gleich die Henkermahlzeit zu vergiften.

V. Der Künstler

Mit einem Blick ein Weltbild erfassen, ist Kunst. Wie viel doch in ein Auge hineingeht!

*

Talent haben – Talent sein: das wird immer verwechselt.

*

Das Talent ist ein aufgeweckter Junge. Die Persönlichkeit schläft lange, erwacht von selbst und gedeiht darum besser.

*

Es beweist immerhin eine gesunde Konstitution, wenn sich unter der Einwirkung der Strahlen einer Persönlichkeit die Weltanschauung zu schälen beginnt.

*

Persönlichkeiten sind übel daran. Die Menge sieht nur die Fläche, auf der sich die Widersprüche zeichnen. Aber diese sprechen für eine Tiefe, in der ihr Treffpunkt liegt.

*

Der Nachahmer verfolgt die Spuren des Originals und hofft, irgendwo müsse ihm das Geheimnis der Eigenart aufgehen. Aber je näher er diesem kommt, umso weiter entfernt er sich von der Möglichkeit, es zu nützen.

*

Ein guter Stilist soll bei der Arbeit die Lust eines Narzissus empfinden. Er muss sein Werk so objektivieren können, dass er sich bei einem Neidgefühl ertappt und erst durch Erinnerung darauf kommt, dass er selbst der Schöpfer sei. Kurzum, er muss jene höchste Objektivität bewähren, die die Welt Eitelkeit nennt.

*

Die Vorstellung, dass ein Kunstwerk Nahrung sei für den philiströsen Appetit, schreckt mich aus dem Schlafe. Vom Bürger verdaut zu werden, verschmähe ich. Aber ihm im Magen liegenzubleiben, ist auch nicht verlockend. Darum ist es vielleicht am besten, sich ihm überhaupt nicht zu servieren.

*

Gegen den Fluch des Gestaltenmüssens ist kein Kraut gewachsen.
Die Aufnahmsfähigkeit des produktiven Menschen ist gering. Der lesende Dichter macht sich verdächtig.

*

Wenn es einmal gegenüber den äußeren Eindrücken heißt: Zuzug fernzuhalten, dann ist's ein Beweis, dass die Gedanken nicht streiken.

*

Ein Dichter, der liest: ein Anblick, wie ein Koch, der isst.

*

Wozu sollte ein Künstler den anderen erfassen? Würdigt der Vesuv den Ätna? Es könnte sich höchstens eine feminine Beziehung eifersüchtigen Vergleichens ergeben: Wer speit besser?

*

Kunstwerke sind überflüssig. Es ist zwar notwendig, sie zu schaffen, aber nicht, sie zu zeigen. Wer Kunst in sich hat, braucht den fremden Anlass nicht. Wer sie nicht hat, sieht nur den Anlass. Dem einen drängt sich der Künstler auf, dem andern prostituiert er sich. In jedem Fall sollte er sich schämen.

*

Die Kunst dient dazu, uns die Augen auszuwischen.

*

Wenn's auf der Weltbühne nicht klappt, fällt das Orchester ein.
Der Philister ist nicht imstande, sich seine Gemütserhebungen selbst zu besorgen, und muss unaufhörlich an die Schönheit des Lebens erinnert werden. Selbst zur Liebe bedarf er einer Gebrauchsanweisung.

*

Diese finden jenes, jene dieses schön. Aber sie müssen es »finden«. Suchen will es keiner.

*

Es gibt zweierlei Kunstgenießer. Die einen loben das Gute, weil es gut, und tadeln das Schlechte, weil es schlecht ist. Die anderen tadeln das Gute, weil es gut, und loben das Schlechte, weil es schlecht ist. Die Unterscheidung dieser Arten ist umso einfacher, als die erste nicht vorkommt. Man könnte sich also leicht auskennen, wenn nicht eine dritte Kategorie hinzuträte. Es sind solche, die das Gute loben, obgleich es gut, und das Schlechte tadeln, wiewohl es schlecht ist. Diese gefährliche Art hat die ganze Unordnung in künstlerischen Dingen verschuldet. Ihr Instinkt weist sie an, das Unrichtige zu treffen, aber vorsätzlich treffen sie das

Richtige. Sie haben Gründe, die außerhalb des künstlerischen Empfindens liegen. Ohne den Snobismus, der ihn erhebt, könnte der Künstler leben. Schwerlich ohne die Dummheit, die ihn herabsetzt.

*

Wenn ein Künstler Konzessionen macht, so erreicht er nicht mehr als der Reisende, der sich im Ausland durch gebrochenes Deutsch verständlich zu machen sucht.

*

Ein Snob ist unverlässlich. Das Werk, das er lobt, kann gut sein.
Nicht alles, was totgeschwiegen wird, lebt.

*

Die Kritik beweist nicht immer ihren gewohnten Scharfblick; sie ignoriert oft die wertlosesten Erscheinungen.

*

Ehedem hatte ein Schuster ein persönliches Verhältnis zu seinen Stiefeln; heute hat der Dichter keines zu seinen Erlebnissen.

*

Es gibt keine Erzeuger mehr, es gibt nur mehr Vertreter.

*

Sie verzichten auf die erdgewachsene Kunst und schätzen, was am Platz begehrt ist.

*

Talent ist oft ein Charakterdefekt.

*

Die Ausübung einer Sorte Talents sollte strafgesetzlich verboten sein. Denn sie ist es, die all das Unheil in die

Welt gebracht hat, welches als intellektuelle Verunreinigung des Geisteslebens die Kulturentwicklung hindert.

*

Seit Heine wird nach dem Leisten: „Ein Talent, doch kein Charakter" geschustert. Aber so fein unterscheide ich nicht! Ein Talent, weil kein Charakter.

*

Das Talent, das schwerpunktlos in der Welt flattert, ist deshalb so bedenklich, weil es der Feindseligkeit des Philisters gegen alles Echte süße Nahrung gibt. Ein Feuilleton begräbt ein Dutzend Kunstwerke.

*

Die Kunst ist so eigenwillig, dass sie das Können der Finger und Ellbogen nicht als Befähigungsnachweis gelten lässt.

*

Wer das Lob der Menge gern entbehrt, wird sich die Gelegenheit, sein eigener Anhänger zu werden, nicht versagen.

*

Der Philister langweilt sich und sucht die Dinge, die ihn nicht langweilen. Den Künstler langweilen die Dinge, aber er langweilt sich nie.

*

Prinzessin von Gnaden meiner Fantasie – Aschenbrödel meiner Erkenntnis. Der Künstler lässt beide Rollen gleichzeitig spielen. Der Philister ist enttäuscht und zieht die erste zurück.

*

Musik bespült die Gedankenküste. Nur wer kein Festland hat, wohnt in der Musik. Die leichteste Melodie weckt Gedanken wie die leichteste Frau. Wer sie nicht hat, sucht sie in der Musik und im Weibe. Die neue Musik ist ein Frauenzimmer, das seine natürlichen Mängel durch eine vollständige Beherrschung des Sanskrit ausgleicht.

*

Was ist die Neunte Symphonie neben einem Gassenhauer, den ein Leierkasten und eine Erinnerung spielen!

*

Die Musik, die ich mir zum Geratter einer Bahnfahrt oder zum Gepolter einer Droschke mache, kann mich höher entrücken als alle philharmonische Andacht.
Ein Leierkasten im Hof stört den Musiker und freut den Dichter.

*

Geräusch wird störend nie empfunden, weil stets es mit Musik verbunden.

*

Leidenschaften können Musik machen. Aber nur wortlose Musik. Darum ist die Oper ein Unsinn. Sie setzt die reale Welt voraus und bevölkert sie mit Menschen, die bei einer Eifersuchtsszene, bei Kopfschmerz, bei einer Kriegserklärung singen, ja sterbend selbst auf die Koloratur nicht verzichten. Sie führt durch die Inkongruenz eines menschenmöglichen Ernstes mit der wunderlichen Gewohnheit des Singens sich selbst ad absurdum. In der Operette ist die Absurdität vorweg gegeben. Sie setzt eine Welt voraus, in welcher die Ursächlichkeit aufgehoben ist, nach den Gesetzen des Chaos, aus dem die andere Welt erschaffen wurde, munter fortgelebt wird und der Gesang als Verständigungsmittel beglaubigt ist. Der „Operettenunsinn" versteht sich von selbst und fordert nicht die Reaktion der Vernunft heraus. Dass Operettenverschwörer singen, ist plausibel, aber die Opernverschwörer meinen es ernst und schädigen den Ernst ihres Vorhabens durch unmotiviertes Singen. Der Operettenunsinn ist Romantik. Die Funktion der Musik, den Krampf des Lebens zu lösen und die gedankliche Tätigkeit entspannend wieder anzuregen, paart sich mit einer verantwortungslosen Heiterkeit, die in jenem Wirrsal ein Bild unserer realen Verkehrtheiten ahnen lässt. Der Gedanke der Operette ist Rausch, aus dem Gedanken geboren werden; die Nüchternheit geht leer aus. Die Voraussetzung einer romantischen Welt nun wird einer Welt, die mit jedem Tage voraussetzungsloser wird, immer schwerer. Darum muss die Operette rationalisiert werden. Sie verleugnet die Romantik ihrer Herkunft und huldigt dem Verstand eines Commis voyageur. Die Forderung, dass die Operette vor der reinen Vernunft bestehe, ist die Urheberin des reinen Operettenblödsinns. Jetzt singen nicht mehr die Bobèche und Sparadrap, die Schäferprinzen und die Prinzessinnen von Trapezunt, die fürchterlichen Alchymisten, in deren Gift Kandelzucker ist, keine Königsfamilie mehr wird beim bloßen Wort »Trommel« zu musikalischen Exzessen hingerissen, kein Hauch eines Tyrannen wirft einen falsch mitsingenden Höfling nieder. Aber Attachés und Leutnants bringen sachlich in Tönen vor, was sie ihren Partnerinnen zu sagen haben. Psychologie ist die ultima ratio der Unfähigkeit, und so musste auch die Operette psychologisiert werden. Als aber der Unsinn blühte, war er ein Erzieher. Indem die Grazie das künstlerische Maß dieser Narrheit war, mochte dem Operettenunsinn ein lebensbildender Wert zugesprochen werden. Ein Orchesterwitz in Offenbachs „Blaubart" hat mir mehr Empfinden beigebracht als hundert Opern. Erst jetzt, da das Genre Vernunft angenommen und den Frack angezogen hat, wird es sich die Verachtung verdienen, die ihm die Ästhetik seit jeher bezeigt hat.

*

Ich kann mir denken, dass ein junger Mensch von den Werken Offenbachs, die er in einem Sommertheater zu hören bekommt, entscheidendere Eindrücke empfängt als von jenen Klassikern, zu deren verständnisloser Empfängnis ihn die Pädagogik antreibt. Vielleicht wird seine Fantasie zur Bewältigung der Fleißaufgabe gespornt, sich aus der »Schönen Helena« das Bild jener Heroen zu formen, das ihm die Ilias noch vorenthält. Vielleicht könnte ihm das Zerrbild der Götter den wahren Olymp erschließen.

Die Oper: Konsequenz der Charaktere und Realität der Begebenheiten sind Vorzüge, zu denen nicht erst Musik gemacht werden muss.

*

Das Theater ist die Profanierung des unmittelbaren dichterischen Gedankens und des sich selbst bedeutenden musikalischen Ernstes. Es ist der Hemmschuh jedes Wirkens, das eine „Sammlung" beansprucht, anstatt sie durch die sogenannte Zerstreuung erst herbeizuführen. Die Wortkunst wird an dem Ausbreitungsbedürfnis des letzten Komödianten zuschanden, und die Andachtsübungen einer Wagneroper sind ein theatralischer Nonsens.

*

In der Oper spottet das Musikalische des Theatralischen, und die natürliche Parodie, die im Nebeneinander zweier Formen entsteht, macht auch den tatkräftigsten Vorsatz zu einem »Gesamtkunstwerk« lächerlich. Zu einem solchen vermögen Aktion und Gesang nur in der Operette zu verschmelzen, welche die Narrheit zur Voraussetzung hat.

*

Nichts ist sinnloser als der Ruf nach trikotfreien Tänzerinnen. Er ist die Forderung jenes Literaturvegetariertums, das Kunst und Natur so gründlich missversteht und, indem es sie identifiziert, Wirkungen herbeiführt, die es abschaffen möchte. Der ungeschminkte Schauspieler spielt als Bleichgesicht vor Indianern, der ungeschminkte Dialekt ist affektiert und die Nacktheit der Tänzerin ist ein Kostüm.

*

Die Naturheilmethode wütet auch in der Kunst.

*

Nichts wird von der Schauspielerkritik so gern verwechselt wie die Persönlichkeit, die immer sich selbst ausdrückt, und der Mangel, der nichts anderes als sich selbst ausdrücken kann: Beides ist »Natur«. Wir haben einmal das Glück gehabt, an jedem Abend ein paar besondere Menschen vor uns hintreten zu sehen, die sich schauspielerisch nie so ganz verwandeln konnten, dass wir in ihnen die besonderen Menschen verkannt hätten. Aber nun sagt man uns, die Eigenart habe sich differenziert und Individualitäten seien auch jene, die man sofort daran erkennt, dass sie stottern oder schielen. Zwei Falstaffs gegenüber ist solche Kritik ratlos: Soll sie einer Fülle, die sich selbst spielt, den Vorzug geben, oder einem glaubhaften Wanst?

*

Man darf auf dem Theater die Natur einer Persönlichkeit nicht mit der Natürlichkeit einer Person verwechseln.

*

Die neue Schauspielkunst: Dilettanten ohne Lampenfieber.

*

Die Effektschauspieler sind von den Defektschauspielern verdrängt worden.

*

Es gibt persönliche und sachliche Schauspieler.

*

Die Schauspielkunst sollte sich wieder selbstständig machen. Der Darsteller ist nicht der Diener des Dramatikers, sondern der Dramatiker ist der Diener des

Darstellers. Dazu ist freilich Shakespeare zu gut. Wildenbruch würde genügen. Die Bühne gehört dem Schauspieler, und der Dramatiker liefere bloß die Gelegenheit. Tut er mehr, so nimmt er dem Schauspieler, was des Schauspielers ist. Die Dichtung, der das Buch gehört, hat seit Jahrhunderten mit vollem Bewusstsein an der Szene schmarotzt. Sie hat sich vor der Fantasiearmut des Lesers geflüchtet und spekuliert auf die des Zuschauers. Sie sollte sich endlich der populären Wirkungen schämen, zu denen sie sich herablässt. Kein Theaterpublikum hat noch einen Shakespeare-Gedanken erfasst, sondern es hat sich stets nur vom Rhythmus, der auch Unsinn tragen könnte, oder vom stofflichen Gefallen betäuben lassen. »Des Lebens Unverstand mit Wehmut zu genießen ist Tugend und Begriff«: Damit kann ein Tragöde so das Haus erschüttern, dass jeder glaubt, es sei von Sophokles und nicht von Thümmel. Lob dem Schauspieler, der in der Wahl urliterarischer Gelegenheiten seine schöpferische Selbstherrlichkeit betont!

Die wahren Schauspieler lassen sich vom Autor bloß das Stichwort bringen, nicht die Rede. Ihnen ist das Theaterstück keine Dichtung, sondern ein Spielraum.

*

Die Hausherrlichkeit des Schauspielers im Theater erweist sich darin, dass der Erfolg des Dramatikers auf den Veränderungen beruht, die jener mit der dichterischen Gestalt vornimmt. Die Tantiemen gebühren dem Schauspieler.

*

Ich traue der Druckmaschine nicht, wenn ich ihr mein geschriebenes Wort überliefere. Wie kann ein Dramatiker sich auf den Mund eines Schauspielers verlassen!

*

Die Entfernung der schauspielerischen Persönlichkeit von der dichterischen zeigt sich am auffälligsten, wenn die Figur selbst ein Dichter ist. Man glaubt ihn dem Schauspieler nicht. Ihm gelingen Helden oder Bürger.

*

Die einzige Kunst, vor der das Publikum ein Urteil hat, ist die Theaterkunst. Der einzelne Zuschauer, also vor allem der Kritiker, spricht Unsinn, alle zusammen haben sie recht. Vor der Literatur ist es umgekehrt.
Ein Schauspieler, der sich für Literatur interessiert? Ein Literat gehört nicht einmal ins Parkett!

*

Wenn ein Väterspieler als Heinrich IV. in dem Satz: „Dein Wunsch war des Gedankens Vater, Heinrich!" den Vater betont, kann er das Publikum zu Tränen rühren. Der andere, der sinngemäß den »Wunsch« betont, wird vom Publikum bloß nicht verstanden. Dieses Beispiel zeigt, wie aussichtslos das Sprachliche auf dem Theater gegen das Schauspielerische kämpft, um schließlich von dessen Siegen zu leben. Das Drama behauptet seine Bühnenhaftigkeit immer nur trotz oder entgegen dem Gedanken. Auch am Witz schmeckt ein Theaterpublikum bloß den stofflichen Reiz. Je mehr Körperlichkeit der Witz hat, je mehr er dem Publikum etwas zum Anhalten bietet, umso leichter hat er es. Deshalb ist Nestroys gedanklicher Humor weniger wirksam als etwa die gleichgültige Situation, die ihm ein französisches Muster liefert. Das Wort, dass „in einem Luftschloss selbst die Hausmeisterwohnung eine paradiesische Aussicht" hat, versinkt. Wenn ihm nicht die vertraute Vorstellung des Hausmeisters zu einiger Heiterkeit verhilft.

*

Das dramatische Kunstwerk hat auf der Bühne nichts zu suchen. Die theatralische Wirkung eines Dramas soll bis zu dem Wunsch reichen, es aufgeführt zu sehen: Ein Mehr zerstört die künstlerische Wirkung. Die beste Vorstellung ist jene, die sich der Leser von der Welt des Dramas macht.

*

Auch der Maler ist auf der Bühne als eine dort nicht beschäftigte Person zu behandeln. Das literarische und malerische Theater ist ein amputierter Leichnam, dem betrunkene Mediziner den Arm eines Affen und das Bein eines Hundes angesetzt haben. Wenn auf der Bühne die Dichter und Maler hausen, dann bleibt nichts übrig, als Schauspielkunst in Bibliotheken und Galerien zu suchen. Vielleicht haben sie die Hanswurste der Kultur dort inzwischen eingebürgert.
Endlich sollte einmal zu lesen sein: Die Ausstattung des neuen Stückes hat alles bisher Übertroffene geboten.

*

Früher waren die Dekorationen von Pappe und die Schauspieler echt. Jetzt sind die Dekorationen über jeden Zweifel erhaben und die Schauspieler von Pappe.

Die modernen Regisseure wissen nicht, dass man auf der Bühne die Finsternis sehen muss.

*

Der Naturalismus der Szene lässt wirkliche Uhren schlagen. Darum vergeht einem die Zeit so langsam.

*

Es besteht der Verdacht, dass die ganze moderne Kunst von Nebenwirkungen lebt. Die Schauspielerei von Mängeln, die Musik von Nebengeräuschen.

*

Die Schauspielerin ist die potenzierte Frau, der Schauspieler der radizierte Mann.

*

Das Lachen über Schauspielereitelkeit, Applausbedürfnis und dergleichen ist lächerlich. Die Theatermenschen brauchen den Beifall, um besser zu spielen; und dazu genügt auch der künstliche. Das Glücksgefühl, das mancher Darsteller zeigt, wenn ihm die applaudieren, die er dafür bezahlt hat, ist ein Beweis für seine Künstlerschaft. Kaum einer wäre ein großer Schauspieler geworden, wenn das Publikum ohne Hände auf die Welt gekommen wäre.

*

Wohl hat das Grinzinger Bachl Beethoven zur Pastoral-Symphonie angeregt. Das beweist aber nichts für das Grinzinger Bachl und alles für Beethoven. Je kleiner die Landschaft, desto größer kann das Kunstwerk sein, und umgekehrt. Aber zu sagen, die Stimmung, die der Bach einem beliebigen Spaziergänger vermittelt, sei eins mit der Stimmung, die der Hörer von der Symphonie empfängt, ist töricht. Sonst könnte man ja auch sagen, der Geruch von faulen Äpfeln gebe uns Schillers Wallenstein.

*

Auf den Bildern derer, die ohne geistigen Hintergrund gestalten und den Nichtkenner durch eine gewisse Ähnlichmacherei verblüffen, sollte der Vermerk stehen: Nach der Natur kopiert. Hätten sie ein Wachsfigurenkabinett zu zeichnen, so wüsste man zwischen den Figuren und den Besuchern nicht zu unterscheiden.

*

Das Merkmal eines schlechten Zeichners ist die Unmöglichkeit, dass eine Figur, die er in einem bestimmten Moment mit offenem Munde darstellt, diesen je wieder zumachen wird.
Ein Soldatenzeichner, dessen Figuren Habtacht vor dem Betrachter stehen.

*

Nie ist mehr Stillstand, als wenn ein schlechter Zeichner Bewegung darstellt. Ein guter kann einen Läufer ohne Beine zeichnen.

*

Der moderne Geschmack braucht die ausgesuchtesten Komplikationen, um schließlich zu entdecken, dass ein Wasserglas in der Rundform am bequemsten sei. Er erreicht das Sinnvolle auf dem Weg der Unbequemlichkeiten. Er arbeitet im Schweiße seines Angesichts, um zu erkennen, dass die Erde kein Würfel, sondern eine

Kugel sei. Dies Indianerstaunen der Zivilisation über die Errungenschaften der Natur hat etwas Rührendes. Eine exklusive Kunst ist ein Unding. Es heißt die Kunst dem Pöbel ausliefern. Denn wenn der ganze Pöbel Zutritt hat, ist es immer noch besser, als wenn nur ein Teil Zutritt hat. Ein jeder möchte dann exklusiv sein, und die Kunst beginnt von der Nebenwirkung des Exklusiven zu leben.

*

Man ist so kulturvoll, Wirtshäuser zu meiden, die »Abfütterungsanstalten« sind. Aber der Gedanke, sich gleichzeitig mit fünfhundert anderen in Himmelssphären entrücken zu lassen, stört keinen kulturvollen Konzertbesucher. Ich habe nichts dagegen, die Notdurft des Lebens gemeinsam mit meinen Mitbürgern zu verrichten, möchte mich aber um keinen Preis der Welt mit einem einzigen von ihnen auf der Insel der Seligen treffen.

*

Der Ästhet lebt nicht so fern dem Politiker, wie man glaubt. Jenem löst sich das Leben in eine Linie auf, diesem in eine Fläche. Das nichtige Spiel, welches beide treiben, führt beide gleich weit vom Geiste, irgendwohin, wo sie überhaupt nicht mehr in Betracht kommen. Es ist tragisch, für jene Partei reklamiert zu werden, wenn man von dieser nichts wissen will, und zu dieser gehören zu müssen, weil man jene verachtet. Aus der Höhe wahrer Geistigkeit aber sieht man die Politik nur mehr als ästhetischen Tand und die Orchidee als eine

Parteiblume. Es ist derselbe Mangel an Persönlichkeit, der die einen treibt, das Leben im Stoffe, und die anderen, das Leben in der Form zu suchen. Sie wollen voneinander nichts wissen; aber sie gehören beide auf denselben Schindanger.

*

Der Politiker steckt im Leben, unbekannt wo. Der Ästhet flieht aus dem Leben, unbekannt wohin.

*

Es gibt zwei Arten von Schriftstellern. Solche, die es sind, und solche, die es nicht sind. Bei den ersten gehören Inhalt und Form zusammen wie Seele und Leib, bei den zweiten passen Inhalt und Form zusammen wie Leib und Kleid.

Das geschriebene Wort sei die naturnotwendige Verkörperung eines Gedankens und nicht die gesellschaftsfähige Hülle einer Meinung.

*

Wer Meinungen von sich gibt, darf sich auf Widersprüchen nicht ertappen lassen. Wer Gedanken hat, denkt auch zwischen den Widersprüchen.

Ansichten pflanzen sich durch Teilung, Gedanken durch Knospung fort.

*

Einer Idee ist weit mehr gedient, wenn sie nicht so gefasst ist, dass sie den geraden Weg in die Massen nehmen kann. Nimmt sie ihn nur durch das Hindernis einer Persönlichkeit, so kommt sie weiter, als wenn sie sich populär macht. Es beweist mehr für ihre Tragfähigkeit, dass sie ein Kunstwerk erzeugen kann, als dass sie in der schmucksten Hülle eines Tendenzwerks zu unmittelbarer Wirkung gelangt. Eine Idee dient entweder einem Werk oder ein Werk dient ihr. Strömt sie in Kunst über, so geht sie im Weltenraum auf und wird auf der Erde zunächst nicht wahrgenommen. Im andern Falle dringt sie aus dem Werk und mündet in den Gehirnen der Gegenwart. Eine Idee aber soll von sich sagen können, sie komme gar wenig unter Leute.

*

Die wahren Agitatoren für eine Sache sind die, denen die Form wichtiger ist. Kunst hindert die unmittelbare Wirkung zugunsten einer höhern. Darum sind ihre Produkte nicht marktgängig. Sie fänden nicht einmal dann reißenden Absatz, wenn die Kolporteure riefen: „Sensationelle Enthüllungen aus dem deutschen Sprachschatz!"

VI. Schreiben und Lesen

Der Gedanke ist ein Kind der Liebe. Die Meinung ist in der bürgerlichen Gesellschaft anerkannt.
Was leicht ins Ohr geht, geht leicht hinaus. Was schwer ins Ohr geht, geht schwer hinaus. Das gilt vom Schreiben noch mehr als vom Musikmachen.

*

Ein Schriftsteller, der einen täglichen Fall verewigt, kompromittiert nur die Aktualität. Wer aber die Ewigkeit journalisiert, hat Aussicht, in der besten Gesellschaft anerkannt zu werden.

*

Dass einer sich der Sprache bedient, um zu sagen, dass ein Minister untauglich ist, macht ihn noch nicht zum Schriftsteller.
Der Stoff, den der Musiker gestaltet, ist der Ton, der Maler spricht in Farben. Darum maßt sich kein ehrenwerter Laie, der nur in Worten spricht, ein Urteil über Musik und Malerei an. Der Schriftsteller gestaltet ein Material, das jedem zugänglich ist: das Wort. Darum maßt sich jeder Leser ein Urteil über die Wortkunst an. Die Analphabeten des Tons und der Farbe sind bescheiden. Aber Leute, die lesen können, gelten nicht als Analphabeten.
Die Sprache ist das Material des literarischen Künstlers; aber sie gehört ihm nicht allein, während die Farbe doch ausschließlich dem Maler gehört. Darum müsste den Menschen das Sprechen verboten werden.

Die Zeichensprache reicht für die Gedanken, die sie einander mitzuteilen haben, vollkommen aus. Ist es erlaubt, uns ununterbrochen mit Ölfarben die Kleider zu beschmieren?

*

Ist Schriftstellerei nicht mehr als die Fertigkeit, dem Publikum eine Meinung mit Worten beizubringen? Dann wäre Malerei die Kunst, eine Meinung in Farben zu sagen. Aber die Journalisten der Malerei heißen eben Anstreicher. Und ich glaube, dass ein Schriftsteller jener ist, der dem Publikum ein Kunstwerk sagt. Es war die höchste Ehre, die mir je erwiesen wurde, als mir ein Leser verlegen gestand, er könne meine Sachen erst bei der zweiten Lesung verstehen. Er zögerte, es mir zu sagen, er wollte nicht recht mit meiner Sprache heraus. Das war ein Kenner und wusste es nicht. Das Lob meines Stils lässt mich gleichgültig, aber die Vorwürfe, die man gegen ihn erhebt, werden mich bald übermütig machen. Ich hatte wirklich lange genug gefürchtet, man würde schon bei der ersten Lektüre ein Vergnügen an meinen Schriften haben. Wie? Ein Satz sollte dazu dienen, dass das Publikum sich mit ihm den Mund ausspüle? Die Feuilletonisten, die in deutscher Sprache schreiben, haben vor den Schriftstellern, die aus der deutschen Sprache schreiben, einen gewaltigen Vorsprung. Sie gewinnen auf den ersten Blick und enttäuschen den zweiten: Es ist, als stünde man plötzlich hinter den Kulissen und sähe, dass alles von Pappe ist. Bei den anderen aber wirkt die erste Lektüre, als ob ein

Schleier die Szene verhüllte. Wer sollte da schon applaudieren? Jene zischen, ehe die Szene sichtbar wird. So benehmen sich die meisten; denn sie haben keine Zeit. Nur für die Werke der Sprache haben sie keine Zeit. Vor den Gemälden lassen sie es eher gelten, dass nicht bloß ein Vorgang dargestellt werden soll, den der erste Blick erfasst: Einen zweiten ringen sie sich ab, um auch etwas von der Farbenkunst zu spüren. Aber eine Kunst des Satzbaues? Sagt man ihnen, dass es so etwas gibt, so denken sie an die Befolgung der Sprachgesetze.

*

In der Sprachwissenschaft muss ein Autor nicht unfehlbar sein. Auch kann die Verwendung unreinen Materials einem künstlerischen Zweck frommen. Ich vermeide Lokalismen nicht, wenn sie einer satirischen Absicht dienen. Der Witz, der mit gegebenen Vorstellungen arbeitet und eine geläufige Terminologie voraussetzt, zieht die Sprachgebräuchlichkeit der Sprachrichtigkeit vor, und nichts ist ihm ferner als der Ehrgeiz puristischen Strebens. Es geht um Sprachkunst. Dass es so etwas gibt, spüren fünf unter tausend. Die anderen sehen eine Meinung, an der etwa ein Witz hängt, den man sich bequem ins Knopfloch stecken kann. Von dem Geheimnis organischen Wachstums haben sie keine Ahnung. Sie werten nur das Material. Die platteste Vorstellung kann zu tiefster Wirkung gebracht werden: Sie wird unter der Betrachtung solcher Leser wieder platt. Die Trivialität als Element satirischer Gestaltung: Ein Kalauer bleibt in ihrer Hand.

*

Der Wortwitz, als Selbstzweck verächtlich, kann das edelste Mittel einer künstlerischen Absicht sein, indem er der Abbreviatur einer witzigen Anschauung dient. Er kann ein sozialkritisches Epigramm sein.

Beim Witz ist die sprachliche Trivialität oft der Inhalt des künstlerischen Ausdrucks. Der Schriftsteller, der sich ihrer bedient, ist echter Feierlichkeit fähig. Das Pathos an und für sich ist ebenso wertlos wie die Trivialität als solche. Die Form ist der Gedanke. Sie macht einen mittelmäßigen Ernst zum tieferen Witz. So, wenn ich sage, dass in ein Kinderzimmer, wo wilde Rangen spielen, ein unzerreißbares Mutterherz gehört.

Es ist unmöglich, einen Schriftsteller, dessen Kunst das Wort ist, zu imitieren oder zu plagiieren. Man müsste sich schon die Mühe nehmen, sein ganzes Werk abzuschreiben. Worte, die für sich bestehen, sich dem Gedächtnis des Durchschnitts einprägen und darum auch nicht den größten Wert haben, können abgenommen werden. Wie schal und leer wirken sie aber in der neuen Umgebung. Nicht wiederzuerkennen! Ein Witz, der als die naturnotwendige Äußerung eines Zorns entstanden ist, hat manchmal das Unglück, so locker zu sitzen, dass ihn jeder Lümmel abreißen kann, der vorübergeht. Die Blüte lässt sich pflücken und welkt rasch: Ob sie nun ein Leser an seinen Hut steckt oder ein Literat an seinen blütenleeren Baum. Zwar müsste man besonders eifersüchtig auf solche Blüten sein. Denn das Publikum weiß nur von diesen. Dass ich ein paar üble Dinge berührt und dazu ein paar gute Witze gemacht habe, weiß mancher. Die besseren kann man nicht zitieren. Gelingt es dem Autor, einander entlegene Zeiterscheinungen, Gegenständliches und Hintergründliches, in einem Zuge so zusammenzufassen, dass der Gedanke ein abgekürzter Essay ist, dient der Sprachwitz selbst pathetischer Empfindung als Kompositionselement, so ist keine Aussicht auf Volkstümlichkeit vorhanden.

*

Man muss alle Schriftsteller zweimal lesen, die guten und die schlechten. Die einen wird man erkennen, die andern entlarven.

*

Er beherrscht die deutsche Sprache – das gilt vom Kommis. Der Künstler ist ein Diener am Wort.

*

Es gibt Schriftsteller, die schon in zwanzig Seiten ausdrücken können, wozu ich manchmal sogar zwei Zeilen brauche.

*

Die Ideensumme eines literarischen Aufsatzes sei das Ergebnis einer Multiplikation, nicht einer Addition.

*

Werdegang des Schreibenden: Im Anfang ist man's ungewohnt und es geht darum wie geschmiert. Aber dann wird's schwerer und immer schwerer, und wenn man erst in die Übung kommt, dann wird man mit manch einem Satz nicht fertig.

*

Ein Buch kann darüber täuschen, ob es die Weltanschauung des Autors bietet oder eine, die er bloß vertritt. Ein Satz ist die Probe, ob man eine hat.

*

Einen Aphorismus kann man in keine Schreibmaschine diktieren. Es würde zu lange dauern.

Ich habe einmal bei der Korrektur meiner Schriften für die Buchausgabe gesehen, dass ich irgendwo den Konflikt zwischen Naturgeboten und Sexualethik in einem einzigen Satz ausgedrückt habe: »So wachsen die Kinder dieser Zeit heran, wissen nicht, was sie müssen, und wissen so viel, was sie nicht dürfen.« Der Setzer, der den Standpunkt des intelligenten Lesers vorwegnahm, hatte den Satz wie folgt verändert: »So wachsen die Kinder dieser Zeit heran, wissen nicht, was sie wissen müssen, und wissen so viel, was sie nicht dürfen.« Eine ganz verständliche Meinung, bei der keinem Leser der Kopf weh tun wird: Sie berührt das Problem sexueller Aufklärung. Und dieses ist viel gefälliger als die andere Anschauung, die auch den Nachteil hat, durch einen Druckfehler zerstört werden zu können.

*

Ein Aphorismus braucht nicht wahr zu sein, aber er soll die Wahrheit überflügeln. Er muss mit einem Satz über sie hinauskommen.

*

Journalist heißt einer, der das, was der Leser sich ohnehin schon gedacht hat, in einer Form ausspricht, in der es eben doch nicht jeder Kommis imstande wäre.

*

Ist es erlaubt, im Quell der deutschen Sprache ein Fußbad zu nehmen? So sollte ein Labetrunk verboten sein!

*

Ein Feuilleton schreiben heißt auf einer Glatze Locken drehen.

*

Zuerst schnüffelt der Hund, dann hebt er selbst das Bein. Gegen diesen Mangel an Originalität kann man füglich nichts einwenden. Aber dass der Literat zuerst liest, ehe er schreibt, ist trostlos.

*

Der wahrhaft und in jedem Augenblick produktive Geist wird zur Lektüre nicht leicht anstellig sein. Er verhält sich zum Leser wie die Lokomotive zum Vergnügungsreisenden. Auch fragt man den Baum nicht, wie ihm die Landschaft gefällt.

*

Einen Roman zu schreiben mag ein reines Vergnügen sein. Nicht ohne Schwierigkeit ist es bereits, einen Roman zu erleben. Aber einen Roman zu lesen, davor hüte ich mich, so gut es irgend geht.

*

Wo nehme ich nur all die Zeit her, so viel nicht zu lesen?

*

Wenn man einen seiner mythologisch-politischen Aufsätze liest, lernt man die Bildung mehr hassen, als unbedingt notwendig ist.

*

Der tiefgefühlte Mangel an Persönlichkeit schuf den Zustand einer geistigen Feuersnot. Die Ochsen rennen aus dem Stall in den Brand: Der Publizist rennt aus dem Stoff in die Bildung. Man hält sich im geistigen Qualm die Nase zu.

*

Ein Agitator ergreift das Wort. Der Künstler wird vom Wort ergriffen.

*

Nur eine Sprache, die den Krebs hat, neigt zu Neubildungen.

*

Ungewöhnliche Worte zu gebrauchen ist eine literarische Unart. Man darf dem Publikum bloß gedankliche Schwierigkeiten in den Weg legen.

*

Heine ist ein Moses, der mit dem Stab auf den Felsen der deutschen Sprache schlug. Aber Geschwindigkeit ist keine Zauberei, das Wasser floss nicht aus dem Felsen, sondern er hatte es mit der andern Hand herangebracht, und es war Eau de Cologne.

*

Heine hat das Höchste geschaffen, was mit der Sprache zu schaffen ist. Höher steht, was aus der Sprache geschaffen wird.

*

Eines der unbedeutendsten und also berühmtesten Gedichte Heinrich Heines beginnt mit der Frage, was die einsame Träne will, die dem Dichter ja den Blick trübt, die, wie er selbst zugibt, aus alten Zeiten in seinem Auge zurückgeblieben ist und die trotzdem durch das ganze Gedicht in ungetrocknetem Zustande konserviert wird. Wiewohl er sich also selbst der Möglichkeit einer klaren Anschauung beraubt hat, ist diesem Lyriker die Plastik der Träne ausnahmsweise gelungen. Ich möchte ihm beinahe nachrühmen, dass er die Poesie des Gerstenkorns gefunden hat.

*

Wo weder zum Weinen Kraft ist noch zum Lachen, lächelt der Humor unter Tränen.
Sentimentale Ironie ist ein Hund, der den Mond anbellt, dieweil er auf Gräber pisst.

*

In der Literatur hüte man sich vor den Satzbauschwindlern. Ihre Häuser kriegen zuerst Fenster und dann Mauern.

*

Geistige Zuckerbäcker liefern kandierte Lesefrüchte.

*

„Gut schreiben" ohne Persönlichkeit kann für den Journalismus reichen. Allenfalls für die Wissenschaft. Nie für die Literatur.

*

Warum schreibt mancher? Weil er nicht genug Charakter hat, nicht zu schreiben.

*

Als mir da neulich einer unserer jungen Dichter vorgestellt wurde, rutschte mir die Frage heraus, bei welcher Bank er dichte. Es geschah ganz unabsichtlich, und ich wollte den armen Teufel nicht beleidigen.

*

Feuilletonisten sind verhinderte Kurzwarenhändler. Die Eltern zwingen sie zu einem intelligenten Beruf, aber das ursprüngliche Talent bricht sich doch Bahn.

*

Es gibt seichte und tiefe Hohlköpfe.

*

Die Vorstellung, dass ein Journalist ebenso richtig über eine neue Oper wie über eine neue parlamentarische Geschäftsordnung schreibt, hat etwas Beklemmendes. Er könnte sicherlich auch einen Bakteriologen, einen Astronomen und vielleicht gar einen Pfarrer lehren. Und wenn ihm ein Fachmann in höherer Mathematik in den Weg käme, er bewiese ihm, dass er in noch höherer Mathematik zu Hause sei.

*

Der Witz der Tagesschriftsteller ist höchstens das Wetterleuchten einer Gesinnung, die irgendwo niedergegangen ist. Nur der Gedanke schlägt ein, dem der Donner eines Pathos auf dem Fuße folgt.

*

Die Prostitution des Leibes teilt mit dem Journalismus die Fähigkeit, nicht empfinden zu müssen, hat aber vor ihm die Fähigkeit voraus, empfinden zu können.

*

Die alten Bücher sind selten, die zwischen Unverständlichem und Selbstverständlichem einen lebendigen Inhalt bewahrt haben.

*

Im Anfang war das Rezensionsexemplar, und einer bekam es vom Verleger zugeschickt. Dann schrieb er eine Rezension. Dann schrieb er ein Buch, welches der Verleger annahm und als Rezensionsexemplar weitergab. Der nächste, der es bekam, tat desgleichen. So ist die moderne Literatur entstanden.

*

Der Vorsatz des jungen Jean Paul war, „Bücher zu schreiben, um Bücher kaufen zu können«. Der Vorsatz unserer jungen Schriftsteller ist, Bücher geschenkt zu bekommen, um Bücher schreiben zu können.

*

Seitdem faule Äpfel einmal in der deutschen Dramatik zur Anregung gedient haben, fürchtet das Publikum, sie zur Abschreckung zu verwenden.

*

Wie die Mörder bei Shakespeare, so treten jetzt der Reihe nach Literaten auf, die Shakespeare morden wollen. Es sind komische Figuren wie jene, und sie bleiben unbedankt wie jene. Nur ihre Leistungsfähigkeit ist eine geringere, und zum Schlusse liegen sie vollends da wie die Gemordeten bei Shakespeare.

*

Ein Hausknecht bei Nestroy wird mit der Last des Lebens fertig und wirft die Langweile zur Tür hinaus. Er ist handfester als ein Professor der Philosophie.

*

Es müsste ein geistiger Liftverkehr etabliert werden, um einem die unerhörten Strapazen zu ersparen, die mit der Herablassung zum Niveau des heutigen Schrifttums verbunden sind. Wenn ich wieder zu mir komme, bin ich immer ganz außer Atem.

*

Eigene Gedanken müssen nicht immer neu sein. Aber wer einen neuen Gedanken hat, kann ihn leicht von einem andern haben.

*

Eine neue Erkenntnis muss so gesagt sein, dass man glaubt, die Spatzen auf dem Dach hätten nur durch einen Zufall versäumt, sie zu pfeifen.

*

Einen Aphorismus zu schreiben, wenn man es kann, ist oft schwer. Viel leichter ist es, einen Aphorismus zu schreiben, wenn man es nicht kann.

*

Man muss jedes Mal so schreiben, als ob man zum ersten und zum letzten Male schriebe. So viel sagen, als ob's ein Abschied wäre, und so gut, als bestände man ein Debüt.

*

Ich beherrsche die Sprache nicht; aber die Sprache beherrscht mich vollkommen. Sie ist mir nicht die Dienerin meiner Gedanken. Ich lebe in einer Verbindung mit ihr, aus der ich Gedanken empfange, und sie kann mit mir machen, was sie will. Ich pariere ihr aufs Wort. Denn aus dem Wort springt mir der junge Gedanke entgegen und formt rückwirkend die Sprache, die ihn schuf. Solche Gnade der Gedankenträchtigkeit zwingt auf die Knie und macht allen Aufwand zitternder Sorgfalt zur Pflicht. Die Sprache ist eine Herrin der Gedanken, und wer das Verhältnis umzukehren vermag, dem macht sie sich im Hause nützlich, aber sie sperrt ihm den Schoß.

Das älteste Wort sei fremd in der Nähe, neugeboren und mache Zweifel, ob es lebe. Dann lebt es. Man hört das Herz der Sprache klopfen.

*

O markverzehrende Wonne der Spracherlebnisse! Die Gefahr des Wortes ist die Lust des Gedankens. Was bog dort um die Ecke? Noch nicht ersehen und schon geliebt! Ich stürze mich in dieses Abenteuer.

VII. Länder und Leute

Ich setze meine Feder an den österreichischen Leichnam, weil ich immer noch glaube, dass er Leben atmet.

∗

In Deutschland bilden zwei einen Verein. Stirbt der eine, so erhebt sich der andere zum Zeichen der Trauer von seinem Platze.

∗

Ich sah bei strömendem Regen einen Spritzwagen durch die Straßen ziehen. Wozu die Spritze, da es doch ohnedies regnet? fragte ich. Weil vorn die Staubwalze geht, bekam ich zur Antwort.

∗

Stimmung der Wiener: das ewige Stimmen eines Orchesters.

∗

Die Küche: Gemüse und Gehirne mit Mehl zubereitet.

∗

Man liest manchmal, dass eine Stadt soundsoviel hunderttausend „Seelen" hat, aber es klingt übertrieben. Aus demselben Grunde müsste auch mit dem System der Volkszählung nach »Köpfen« endlich gebrochen werden. Man wäre aber gegen die Statistik der Millionenziffern nicht mehr misstrauisch, wenn ein anderer Körperteil als Einheit bei der Volkszählung verwendet würde. Niemand könnte mehr sagen, dass eine solche Schätzung – zum Beispiel bei einer Großstadt wie Wien – übertrieben sei. Die Aufnahme und Abgabe der Nahrung sind fraglos die wichtigsten Interessen, die das geistige Leben einer Bevölkerung bestimmen können. Traurig ist nur, dass sie selbst das, was ihr das Wichtigste ist, so schlecht beherrscht. Die Kultur dieser Lebensbetätigungen schreitet durchaus nicht vorwärts, und wenn es auch ein Vorzug ist, ein starker Esser zu sein, so ist es doch keiner, ein lauter Esser zu sein und sich so zu gebärden, dass man die Geräusche der Behaglichkeit bis ins Ausland hört.

*

Es ist ganz ausgeschlossen, dass, wie die Dinge heute liegen, ein wiederkehrender Goethe nicht wegen unerlaubter Reversion ausgewiesen würde.

*

An dem deutschen Kaffee habe ich eine übertriebene Nachgiebigkeit gegenüber der Milch beobachtet. Er erbleicht, wenn sie nur in seine Nähe kommt. Das könnte auch ein Bild von der Beziehung der Geschlechter in diesem Lande sein.

*

Drei Stufen der Zivilisation gibt es. Die erste: Wenn in einem Anstandsort überhaupt keine Tafel angebracht ist. Die zweite: Wenn eine Tafel angebracht ist, auf der die Weisung steht, dass die Kleider vor dem Verlassen der Anstalt in Ordnung zu bringen sind. Die dritte: Wenn der Weisung noch die Begründung folgt, dass es aus Schicklichkeitsrücksichten zu geschehen habe. Auf dieser höchsten Stufe der Zivilisation stehen wir.

*

In dieser Stadt gibt es Menschen und Einrichtungen, Kutscher, Wirtshäuser und dergleichen, von denen man nicht versteht, warum sie eigentlich so beliebt sind. Nach einigem Nachdenken kommt man aber darauf, dass sie ihre Beliebtheit ihrer Popularität verdanken.

*

Die Leute, die uns bedienen, sind Sehenswürdigkeiten. Der Kutscher ist eine Individualität, und ich komme nicht vorwärts. Der Kellner hat Rasse und lässt mich deshalb auf das Essen warten. Der Kohlenmann singt vergnügt auf seinem Wagen, und ich friere.

*

Nach Ägypten wär's nicht so weit. Aber bis man zum Südbahnhof kommt.

*

Jeder Wiener ist eine Sehenswürdigkeit, jeder Berliner ein Verkehrsmittel.

*

Ich halte die glatte Abwicklung der äußeren Lebensnotwendigkeiten für ein tieferes Kulturproblem als den Schutz der Karlskirche. Ich glaube zuversichtlich, dass Karlskirchen nur entstehen können, wenn wir allen innern Besitz, alles Gedankenrecht und alle produktiven Kräfte des Nervenlebens unversehrt erhalten und nicht im Widerstand der Instrumente verbrauchen lassen.

*

Die Straßen Wiens sind mit Kultur gepflastert. Die Straßen anderer Städte mit Asphalt.

*

In Berlin geht man auf Papiermaché, in Wien beißt man auf Granit.

*

In Berlin wächst kein Gras. In Wien verdorrt es.

VIII. Stimmungen, Worte

Als die Sonne tagelang mit den Wolken balgte, war's wie der Kampf zwischen dem gelben Panther und dem schwarzen Stier. Der Spannung solchen Schauspiels können die Wahrheiten des Barometers nichts anhaben.

*

In zweifelhaften Fällen entscheide man sich für das Richtige.

*

Was ist das Kraftbewusstsein eines Nero, was ist der Vernichtungsdrang eines Tschingiskhan, was ist die Machtvollkommenheit des Jüngsten Gerichtes gegen das Hochgefühl eines Konzipisten der konskriptions-ämtlichen Abteilung des magistratischen Bezirksamtes, der einen wegen Nichtfolgeleistung einer Vorladung zur Anmeldung behufs Veranlagung zur Bemessung der Militärtaxe zu einer Geldstrafe von zwei Kronen verurteilt!

*

Besser, es wird einem nichts gestohlen. Dann hat man wenigstens keine Scherereien mit der Polizei.

*

Ein Rezensent, der zu den passenden Worten immer ein Urteil findet.

*

Je größer der Stiefel, desto größer der Absatz.

*

Einer sprach, wie mir der Schnabel gewachsen ist, nahm sich kein Blatt vor meinen Mund und redete über die heikelsten Dinge frisch von meiner Leber weg.

*

Er lässt sich seinen Ärger beim Essen durch keinen Appetit verderben.

*

Ein vortrefflicher Pianist; aber sein Spiel muss das Aufstoßen der guten Gesellschaft nach einem Diner übertönen.

*

Ei sieh, der Verwaltungsrat der Kretinose-Aktiengesellschaft und der Direktor der vereinigten Banalitätswerke!

*

Die Funktion der Milz muss ähnlich sein wie die der Notare im Staate: notwendig, aber überflüssig.

*

»Würde« ist die konditionale Form von dem, was einer ist.

*

Die Gesellschaftsordnung ist kontrollsexual veranlagt.

*

Wir leben in einer Gesellschaft, die Monogamie mit Einheirat übersetzt.

*

Die Medizin: Geld her und Leben!

*

Er starb, von der Äskulapschlange gebissen.

*

Säkularisation: Die Kirche hat einen guten Magen. Trotzdem sollte man ihn von Zeit zu Zeit auspumpen.

*

Die Deutschen – das Volk der Richter und Henker.

*

Der Liberalismus kredenzt ein Abspülwasser als Lebenstrank.

*

Bevor man das Leben über sich ergehen lässt, sollte man sich narkotisieren lassen.

Der Aphorismus deckt sich nie mit der Wahrheit; er ist entweder eine halbe Wahrheit oder anderthalb.

*

Es gibt zweierlei Vorurteil. Das eine steht über allem Urteil. Es nimmt die innere Wahrheit vorweg, ehe das Urteil der äußeren nahegekommen ist. Das andere steht unter allem Urteil; es kommt auch der äußeren Wahrheit nicht nahe. Das erste Vorurteil ist über die Zweifel des Rechts erhaben, es ist zu stolz, um nicht berechtigt zu sein, es ist unüberwindlich und führt zur Absonderung. Das zweite Vorurteil lässt mit sich reden; es macht seinen Träger beliebt und ist auch als Verbindung eines Urteils mit einem Vorteil praktikabel.

*

Das Vorurteil ist ein unentbehrlicher Hausknecht, der lästige Eindrücke von der Schwelle weist. Nur darf man sich von seinem Hausknecht nicht selber hinauswerfen lassen.

*

Eine gesunde Mischung von Fantastik und Pedanterie findet sich damit ab, dass die Welt just die Grenzen hat, welche die Vorstellung ihr gibt. Ein regulierbarer Horizont kann nicht eng sein.

*

Man unterscheide Menschen, die im Frühling den Winterrock ablegen, und Menschen, die die Ablegung des Winterrocks als unfehlbares Mittel zur Herbeiführung des Frühlings ansehen. Die ersten werden eher den Schnupfen kriegen.

*

Was sind alle Orgien des Bacchus gegen die Räusche dessen, der sich zügellos der Enthaltsamkeit ergibt!

*

Ein Leierkasten spielt zu jedem Schmerz die Melodie.

*

Passende Wüste für Fata Morgana gesucht.

*

Man glaubt gar nicht, wie schwer es oft ist, eine Tat in einen Gedanken umzusetzen!

*

Ein selbstbewusster Künstler hätte dem Fiesko zugerufen: Ich habe gemalt, was du nur tatest!

*

Nichts beweist mehr gegen eine Theorie als ihre Durchführbarkeit.

*

Die Moralheuchler sind nicht darum hassenswert, weil sie anders tun, als sie bekennen, sondern weil sie anders bekennen, als sie tun. Wer die Moralheuchelei verdammt, muss peinlich darauf bedacht sein, dass man ihn nicht für einen Freund der Moral halte, die jene doch wenigstens insgeheim verraten. Nicht der Verrat an der Moral ist sträflich, sondern die Moral. Sie ist Heuchelei an und für sich. Nicht dass jene Wein trinken, sollte enthüllt werden, sondern dass sie Wasser predigen. Widersprüche zwischen Theorie und Praxis nachzuweisen ist immer misslich. Was bedeutet die Tat aller gegen den Gedanken eines einzigen? Der Moralist könnte es ernst meinen mit dem Kampf gegen eine Unmoral, der er selbst zum Opfer gefallen ist. Und wenn einer Wein predigt, mag man ihm sogar verzeihen, dass er Wasser trinkt. Er ist mit sich im Widerspruch, aber er macht, dass mehr Wein getrunken wird in der Welt.

*

Als stärkster Erschwerungsgrund galt mir immer, dass einer nichts dafür gekonnt hat.

*

Herr, vergib ihnen, denn sie wissen, was sie tun!

*

Früher war ich oft amoralisch entrüstet. Aber die Sittlichkeit nimmt rings überhand, und man gibt es auf.

*

Eine Antithese sieht bloß wie eine mechanische Umdrehung aus. Aber welch ein Inhalt von Erleben, Erleiden, Erkennen muss erworben sein, bis man ein Wort umdrehen darf!

*

Meine Leser glauben, dass ich für den Tag schreibe, weil ich aus dem Tag schreibe. So muss ich warten, bis meine Sachen veraltet sind. Dann werden sie möglicherweise Aktualität erlangen.

*

Die Stiere aller Parteien haben sich darüber geeinigt, dass ich die Unzucht propagiere. Es ist freilich wahr, dass ich als das einzige Mittel gegen die Dummheit die

Anerkennung der Schönheit empfahl und dass ich auf die durch Jahrhunderte geübte grausame Verschüttung und boshafte Verunreinigung der Quelle alles Lebens alle Übel dieser Welt zurückführte.

Aber habe ich mich darum für die Sexualität der Stiere begeistert?

*

Ich und meine Öffentlichkeit verstehen uns sehr gut: Sie hört nicht, was ich sage, und ich sage nicht, was sie hören möchte.

*

Mein Wunsch, man möge meine Sachen zweimal lesen, hat große Erbitterung erregt. Mit Unrecht; der Wunsch ist bescheiden. Ich verlange ja nicht, dass man sie einmal liest.

*

Die Leute verstehen nicht deutsch; und auf journalistisch kann ich's ihnen nicht sagen.

*

Die einzige Konzession, zu der man sich etwa noch herbeilassen könnte, wäre die, sich so weit nach den Wünschen des Publikums zu richten, dass man das Gegenteil tut. Aber ich tue es nicht, weil ich keine Konzessionen mache und eine Sache selbst dann schreibe, wenn sie das Publikum erwartet.

*

Man könnte größenwahnsinnig werden: So wenig wird man anerkannt!

*

Wenn ich totgeschwiegen werde, so will ich das Schweigen hörbar machen! Es wäre eine faule Retourkutsche, nicht darüber zu sprechen.

*

Ich kann mit Stolz sagen, dass ich Tage und Nächte daran gewendet habe, nichts zu lesen, und dass ich mit eiserner Energie jede freie Minute dazu benütze, mir nach und nach eine enzyklopädische Unbildung anzueignen.

*

Wie viel Stoff hätte ich, wenn's keine Ereignisse gäbe!

*

Wenn man mir persönliche Antipathien vorwirft, weil ich einen Literaten für einen Pfuscher erkläre, so unterschätzt man meine Bequemlichkeit. Ich werde doch nicht meinen Hass strapazieren, um eine literarische Minderwertigkeit abzutun!

*

Ich schnitze mir den Gegner nach meinem Pfeil zurecht.

*

Pest und Erdbeben sind große Themen. Wie kleinlich, Gliederreißen als Symptom der Pest zu erkennen und sich bei einer Trübung des Quellwassers aufzuhalten, die ein Erdbeben anzeigt! Wie kleinlich, den Weltekel zu fühlen, wenn ein Schmock vorübergeht!

*

Die wahre Treue gibt eher einen Freund preis als einen Feind.

*

Ich war selten verliebt, immer verhasst.

*

Eine Notlüge ist immer verzeihlich. Wer aber ohne Zwang die Wahrheit sagt, verdient keine Nachsicht.

*

Wahrheit ist ein ungeschickter Dienstbote, der beim Reinmachen die Teller zerschlägt.

*

Fantasie hat ein Recht, im Schatten des Baumes zu schwelgen, aus dem sie einen Wald macht.

*

Selbstbespiegelung ist erlaubt, wenn das Selbst schön ist. Sie erwächst zur Pflicht, wenn der Spiegel gut ist.

*

Jede Erkenntnis sollte so erschütternd sein wie die eines Bauern, der eines Tages erfährt, dass ein kaiserlicher Rat und ein Hoflieferant dem Kaiser nichts zu raten und dem Hofe nichts zu liefern haben. Er wird misstrauisch.

*

Es gibt eine niedrige Leichtgläubigkeit des Vertrauens und eine höhere Leichtgläubigkeit der Skepsis. Der eine wird betrogen, der andere ist Manns genug, sich selbst zu betrügen. Jener ist ein Gefoppter, dieser ein Wissender, der sich vom Wissen nicht das Spiel verderben lässt, wenn er sich über die eigene Schulter guckt.

*

Wenn wir einen Fehler längst abgelegt haben, werfen uns die Oberflächlichen den Fehler und die Gründlichen Inkonsequenz vor.

*

Der Klügere gibt nach, aber nur einer von jenen, die durch Schaden klug geworden sind.

*

Der Unechte glaubt an keine Echtheit. Und glaubte er, er würde nicht begreifen, wie man echt sein könne, in einer Zeit, in der es wirklich niemand nötig hat, echt zu sein.

*

Auf einem Kostümfest hofft jeder der Auffallendste zu sein; aber es fällt nur der auf, der nicht kostümiert ist. Sollte das nicht einen Vergleich geben?

*

Das ist noch immer nicht die richtige Einsamkeit, in der man mit sich beschäftigt ist.

*

Wer offene Türen einrennt, braucht nicht zu fürchten, dass ihm die Fenster eingeschlagen werden.

*

Es ist ein Unglück, dass in der Welt mehr Dummheit ist, als die Schlechtigkeit braucht, und mehr Schlechtigkeit, als die Dummheit bewirkt.

*

Gedanken sind zollfrei. Aber man hat doch Scherereien.

*

Der Nationalismus, das ist die Liebe, die mich mit den Dummköpfen meines Landes verbindet, mit den Beleidigern meiner Sitten, und mit den Schändern meiner Sprache.

*

Der gesunde Menschenverstand sagt, dass er mit einem Künstler bis zu einem bestimmten Punkt „noch mitgeht". Der Künstler sollte auch bis dorthin die Begleitung ablehnen.

*

An einem Dichter kann man Symptome beobachten, die einen Kommerzialrat für die Internierung reif machen würden.

*

Der „starre Buchstabe des Gesetzes"? Das Leben selbst ist zum Buchstaben erstarrt, und was bedeutet neben solchem Zustand die Leichenstarre der Gesetzlichkeit!

*

Der Ernst des Lebens ist das Spielzeug der Erwachsenen. Nur dass er sich mit den sinnvollen Dingen, die eine Kinderstube füllen, nicht vergleichen lässt.

*

Der Philosoph denkt aus der Ewigkeit in den Tag, der Dichter aus dem Tag in die Ewigkeit.

*

Was könnte noch reizvoller sein als die Spannung, wie der Ort aussehen wird, den ich mir so oft vorgestellt habe? Die Spannung: wie ich meine Vorstellung wiederherstelle, nachdem ich ihn gesehen habe.

*

„Sich keine Illusionen mehr machen“: Da beginnen sie erst.

*

Zu allen Dingen lasse man sich Zeit; nur nicht zu den ewigen.

*

Die Unsterblichkeit ist das einzige, was keinen Aufschub verträgt.

*

Man muss oft erst nachdenken, worüber man sich freut; aber man weiß immer, worüber man traurig ist.

ZWEITES BUCH

PRO DOMO ET MUNDO

I. Vom Weib, von der Moral

Weibeslust liegt neben der männlichen wie ein Epos neben einem Epigramm.

*

Weil beim Mann auf Genuss Verdruss folgen muss, muss folgen, dass beim Weib auf Treue Reue folgt.

*

Er ist bescheiden aus tieferen Gründen,
das Gegenteil hat er bei ihr nicht erkannt.
Um seine Zigarre anzuzünden,
entfacht er ihren Höllenbrand.
Das Weitere, denkt er, wird sich finden,
so wie es sich seit jeher fand.

*

Bei manchem Frauenzimmer kommt die Entrüstung vor der Zumutung. Wie ungalant, diese nicht einmal nachzuholen!

*

Weiber sind Grenzfälle.

*

Die Vergesslichkeit der Frauen wird manchmal von der Diskretion der Männer erschüttert.

*

Die Weiber sind nie bei sich und wollen darum, dass auch die Männer nicht bei sich seien, sondern bei ihnen.

*

Das ist der ehrliche Erfolg der Frauenemanzipation, dass man dem Weib, welches sich dem Handwerk eines Journalisten gewachsen zeigt, heutzutag nicht mehr die verdiente Geringschätzung vorenthalten darf.

*

Was tun sie, die weiblichen Mitglieder der Sittlichkeitsvereine? Sie geben sich der Abschaffung der Prostitution hin. Es geht doch um den Brand, auch wenn die Weiber nicht mehr brennen, sondern löschen wollen. Es geht um den Brand!

*

Es gibt Männer, die man mit jeder Frau betrügen könnte.

*

Eifersucht ist ein Hundegebell, das die Diebe anlockt.

*

Lieben, betrogen werden, eifersüchtig sein – das trifft bald einer. Unbequemer ist der andere Weg: Eifersüchtig sein, betrogen werden und lieben!

*

In der erotischen Sprache gibt's auch Metaphern. Der Analphabet nennt sie Perversitäten. Er verabscheut den Dichter.

*

Dem Gesunden genügt das Weib. Dem Erotiker genügt der Strumpf, um zum Weib zu kommen. Dem Kranken genügt der Strumpf.

*

Das Geschlecht kann sich mit allem verbinden, was es im Himmel gibt und auch auf Erden. So mit Weihrauch und Achselschweiß, mit der Musik der Sphären und der Werkel, mit einem Verbot und einer Warze, mit der Seele und mit einem Korsett. Diese Verbindungen nennt man Perversitäten. Sie bieten den Vorteil, dass man nur des Teils bedarf, um zum Ganzen zu gelangen.

*

Erotik verhält sich zur Sexualität wie Gewinn zu Verlust.

*

Männliche Fantasie übertrifft alle Wirklichkeit des Weibes, hinter der alle Wirklichkeit des Mannes zurückbleibt.
Oder zeitverständlicher gesagt: Der Spekulant überbietet eine Realität, die größer ist als das Kapital.

*

Der Voyeur besteht die Kraftprobe des natürlichen Empfindens; er setzt die Lust, das Weib mit dem Mann zu sehen, gegen den Ekel durch, den Mann mit dem Weib zu sehen.

*

Das Sexuelle ist bloß die Subtraktion zweier Kräfte. Der Voyeur addiert drei.

*

Die Moral im Geschlechtsleben ist das Auskunftsmittel eines Perserkönigs, der das aufgeregte Meer in Ketten legte.

*

Eine Moral, welche aus der Gelegenheit ein Geheimnis gemacht hat, hat auch aus dem Geheimnis eine Gelegenheit gemacht.

Die Moral sagte: Nicht herschauen! Damit war beiden Teilen geholfen.

*

Der christlichen Ethik ist es gelungen, Hetären in Nonnen zu verwandeln. Leider ist es ihr aber auch gelungen, Philosophen in Wüstlinge zu verwandeln. Und Gott sei Dank ist die erste Metamorphose nicht ganz so verlässlich.

*

Die schlecht verdrängte Sexualität hat manchen Haushalt verwirrt; die gut verdrängte aber die Weltordnung.

*

Die Zerstörung Sodoms war ein Exempel. Man wird durch alle Zeiten vor einem Erdbeben Sünden begehen.

*

Die Kinder würden es nicht verstehen, warum die Erwachsenen sich gegen die Lust wehren; und die Greise verstehen es wieder nicht.

*

Als die Wohnungsmieter erfahren hatten, dass die Hausbesitzerin eine Kupplerin sei, wollten sie alle kündigen. Sie blieben aber im Hause, als jene ihnen versicherte, dass sie ihr Geschäft verändert habe und nur mehr Wucher treibe.

*

Wenn sich die Sünde vorwagt, wird sie von der Polizei verboten. Wenn sie sich verkriecht, wird ihr ein Erlaubnisschein erteilt.

*

Der Zuhälter ist das Vollzugsorgan der Unsittlichkeit. Das Vollzugsorgan der Sittlichkeit ist der Erpresser.

*

Moral ist die Tendenz, das Bad mit dem Kinde auszuschütten.

*

Die Liebe der Geschlechter ist in der Theologie eine Sünde, in der Jurisprudenz ein unerlaubtes Verständnis, in der Medizin ein mechanischer Insult, und die Philosophie gibt sich mit so etwas überhaupt nicht ab.

*

Wenn die Moral nicht anstieße, würde sie nicht verletzt werden.

*

Wie zuckt und zögert, wie dreht sich die Moral in der Wendung: „Ein Verhältnis, das nicht ohne Folgen blieb".

*

Auch ohne Warnung fühlt sich der Knabe, der die Wollust schmeckt, ertappt. Da sollte die Moral erschrecken!

*

Der erotische Humor ist nicht Freiheit, sondern Ausgelassenheit, der Beweis der Unfreiheit. Sein Lachen ist nur die Freiheit vom Pathos. Dieser Humor ist der vergebliche Versuch des Mannes, sich über seine berechtigte Traurigkeit hinwegzutäuschen. Ein Humor mit umgedrehtem Spieß. In ihm triumphiert der Mann, der es nicht mehr ist: So weit ist es ein männlicher Humor. Gelegenheit macht Verlegenheit, und der Mann besteht vor dem Weib vermöge seiner Indiskretion. Eros hat vor der Tür des christlichen Geheimnisses geweint und geschwiegen; die drin aber haben gelacht und es weitererzählt.

*

Wo wir starren, zwinkert die Moral.

*

Eine schöne Welt, in der die Männer die Erfüllung ihres Lieblingswunsches den Frauen zum Vorwurf machen!

*

Die christliche Moral hat es am liebsten, dass die Trauer der Wollust vorangeht und diese ihr dann nicht folgt.

II. Von der Gesellschaft

Welche Plage, dieses Leben in Gesellschaft! Oft ist einer so entgegenkommend, mir ein Feuer anzubieten, und ich muss, um ihm entgegenzukommen, mir eine Zigarette aus der Tasche holen.

*

Ich teile die Leute, die ich nicht grüße, in vier Gruppen ein. Es gibt solche, die ich nicht grüße, um mich nicht zu kompromittieren. Das ist der einfachste Fall. Daneben gibt es solche, die ich nicht grüße, um sie nicht zu kompromittieren. Das erfordert schon eine gewisse Aufmerksamkeit. Dann aber gibt es solche, die ich nicht grüße, um mir bei ihnen nicht zu schaden. Die sind noch schwieriger zu behandeln. Und schließlich gibt es solche, die ich nicht grüße, um mir bei mir nicht zu schaden. Da heißt es besonders aufpassen. Ich habe aber schon eine ziemliche Routine, und in der Art, wie ich nicht grüße, weiß ich jede dieser Nuancen so zum Ausdruck zu bringen, dass keinem ein Unrecht geschieht.

*

Nicht grüßen genügt nicht. Man grüßt auch Leute nicht, die man nicht kennt.

*

Es gibt Heuchler, die mit einer unehrlichen Gesinnung prahlen, um unter solchem Schein sie zu besitzen.

*

Man sollte die Wohltätigkeit aus Weltanschauung be-
kämpfen, nicht aus Geiz.

*

Es gibt Menschen, die es zeitlebens einem Bettler nach-
tragen, dass sie ihm nichts gegeben haben.

*

Eher verzeiht dir einer die Gemeinheit, die er an dir begangen, als die Wohltat, die er von dir empfangen hat.

*

Ich habe es so oft erlebt, dass einer, der meine Meinung
teilte, die größere Hälfte für sich behielt, dass ich jetzt
gewitzt bin und den Leuten nur noch Gedanken an-
biete.

*

Dass der Österreicher gesessen ist, während der Deutsche auch in diesem Zustand nicht müßig war, sondern
gesessen hat, bezeichnet den ganzen Unterschied der
Temperamente. Jener kennt höchstens eine Bewegung,
nämlich die vom Ruhepunkt zurück führt. Er gibt
nicht zu, dass ihm der Zopf hinten hängt, sondern
»rückwärts«. Er spricht auf der Straßenbahn eigens von
einem »rückwärtigen« Wagen statt von einem hintern;
weil er eben gebildet ist und sich für verpflichtet hält,
selbst auf die ihm geläufigste Ideenverbindung zu verzichten.

*

Der Übel größtes ist der Zwang, an die äußern Dinge des Lebens, die der inneren Kraft dienen sollen, eben diese zu verplempern.

*

Dem Bedürfnis nach Einsamkeit genügt es nicht, dass man an einem Tisch allein sitzt. Es müssen auch leere Sessel herumstehen. Wenn mir der Kellner so einen Sessel wegzieht, auf dem kein Mensch sitzt, verspüre ich eine Leere und es erwacht meine gesellige Natur. Ich kann ohne freie Sessel nicht leben.

*

Die Welt der Beziehungen, in der ein Gruß stärker ist als ein Glaube und in der man sich des Feindes versichert, wenn man seine Hand erwischt, hält die Abkehr von ihrem System für Berechnung, und wenn sie den Herkules nicht geradezu verachtet, weil er sich und dreitausend Rindern das Leben schwermacht, so forscht sie nach seinen Motiven und fragt: Was haben Sie gegen den Augias?

*

Ich kann mir denken, dass eine hässliche Frau, die in den Spiegel schaut, der Überzeugung ist, das Spiegelbild sei hässlich, nicht sie selbst. So sieht die Gesellschaft ihre Gemeinheit in einem Spiegel und glaubt aus Dummheit, dass ich der gemeine Kerl bin.

*

Es liegt nahe, für ein Vaterland zu sterben, in welchem man nicht leben kann. Aber da würde ich als Patriot den Selbstmord einer Niederlage vorziehen.

*

Sollte man, bangend in der Schlachtordnung des bürgerlichen Lebens, nicht die Gelegenheit ergreifen und in den Krieg desertieren?

*

Vorschläge, um mich dieser Stadt wieder zu gewinnen: Änderung des Dialekts und Verbot der Fortpflanzung.

*

Ich verlange von einer Stadt, in der ich leben soll: Asphalt, Straßenspülung, Haustorschlüssel, Luftheizung, Warmwasserleitung. Gemütlich bin ich selbst.

III. Von Journalisten, Ästheten, Politikern, Psychologen, Dummköpfen und Gelehrten

Warum hat sich die Ewigkeit diese Missgeburt von Zeit nicht abtreiben lassen? Ihr Muttermal ist ein Zeitungsstempel, ihr Kindspech Druckerschwärze und in ihren Adern fließt Tinte.

*

Die Finnen sagen: Ohne uns gäb's keinen Schinken!
Die Journalisten sagen: Ohne uns gäb's keine Kultur!
Die Maden sagen: Ohne uns gäb's keinen Leichnam!
Keinen Gedanken haben und ihn ausdrücken können
– das macht den Journalisten.

*

Journalisten schreiben, weil sie nichts zu sagen haben, und haben etwas zu sagen, weil sie schreiben.

*

Der Maler hat es mit dem Anstreicher gemeinsam, dass er sich die Hände schmutzig macht. Eben dies unterscheidet den Schriftsteller vom Journalisten.

*

Eine Individualität kann den Zwang leichter übertauchen als ein Individuum die Freiheit.

*

Eine Gesellschaftsform, die durch Zwang zur Freiheit leitet, mag auf halbem Wege steckenbleiben. Die andere, die durch Freiheit zur Willkür führt, ist immer am Ziel.

*

Vielleicht ginge es besser, wenn die Menschen Maulkörbe und die Hunde Gesetze bekämen; wenn die Menschen an der Leine und die Hunde an der Religion geführt würden. Die Hundswut könnte in gleichem Maße abnehmen wie die Politik.

*

Der Nationalismus ist ein Sprudel, in dem jeder andere Gedanke versintert.

*

Der Historiker ist oft nur ein rückwärts gekehrter Journalist.

*

Der Journalismus hat die Welt mit Talent verpestet, der Historizismus ohne dieses.

*

Was ist ein Historiker? Einer, der zu schlecht schreibt, um an einem Tagesblatt mitarbeiten zu können.

*

Die Echtheit in der Kunst vom Schwindel zu unterscheiden mag schwerfallen. Den Schwindel erkennt man höchstens daran, dass er die Echtheit übertreibt. Die Echtheit höchstens daran, dass sich das Publikum von ihr nicht hineinlegen lässt.

*

Heutzutag ist der Dieb vom Bestohlenen nicht zu unterscheiden: Beide haben keine Wertsachen bei sich.

*

Mit den perfekten Feuilletonisten ließe sich leben, wenn sie es nicht auf die Unsterblichkeit abgesehen hätten. Sie wissen fremde Werte zu platzieren, haben alles bei der Hand, was sie nicht im Kopf haben, und sind häufig geschmackvoll. Wenn man ein Schaufenster dekoriert haben will, ruft man nicht den Lyriker. Er könnte es vielleicht auch, aber er tut's nicht. Der Auslagenarrangeur tut's. Das schafft ihm seine soziale Position, um die ihn der Lyriker mit Recht beneidet. Auch ein Auslagenarrangeur kann auf die Nachwelt kommen. Aber nur, wenn der Lyriker ein Gedicht über ihn macht.

*

Ein Reichtum, der aus hundert Hintergründen fließt, erlaubt es der Presse, sich an hohen Feiertagen den Luxus der Literatur zu leisten. Wie fühlt sich diese, wenn sie als goldene Kette auf dem Annoncenbauch eines Protzen glänzen darf?

*

Ein frecher Kulturwitz hat die »journalistische Hochschule« ausgeheckt. Sozialer Ernst müsste eine journalistische Gewerbeschule verlangen.

*

Philosophie ist oft nicht mehr als der Mut, in einen Irrgarten einzutreten. Wer aber dann auch die Eingangspforte vergisst, kann leicht in den Ruf eines selbstständigen Denkers kommen.

*

Fürs Leben gern wüsst' ich: Was fangen die vielen Leute nur mit dem erweiterten Horizont an?

*

Es gibt mehr Dinge zwischen Quinta und Sexta, als eure Schulweisheit sich träumen lässt.

*

Aufgeweckte Jungen – unausgeschlafene Männer.

*

Die modernen Psychologen, die die Grenzen der Unverantwortlichkeit hinausschieben, haben reichlich darin Platz.

*

Eine gewisse Psychoanalyse ist die Beschäftigung geiler Rationalisten, die alles in der Welt auf sexuelle Ursachen zurückführen mit Ausnahme ihrer Beschäftigung.

*

Die Psychoanalyse entlarvt den Dichter auf den ersten Blick, ihr macht man nichts vor, und sie weiß ganz genau, was des Knaben Wunderhorn eigentlich bedeutet. Es sei. Jetzt ist es aber die höchste Zeit, dass eine Seelenforschung ersteht, die, wenn einer vom Geschlecht spricht, ihm dahinterkommt, dass es eigentlich Kunst bedeutet. Für diese Retourkutsche der Symbolik biete ich mich als Lenker an! Ich wäre aber auch schon zufrieden, wenn man einem, der von Psychologie spricht, nachweisen könnte, dass sein Unterbewusstsein eigentlich etwas anderes gemeint habe.

*

Kinder psychoanalytischer Eltern welken früh. Als Säugling muss es zugeben, dass es beim Stuhlgang Wollustempfindungen habe. Später wird es gefragt, was ihm dazu einfällt, wenn es auf dem Weg zur Schule der Defäkation eines Pferdes beigewohnt hat. Man kann von Glück sagen, wenn so eins noch das Alter erreicht, wo der Jüngling einen Traum beichten kann, in dem er seine Mutter geschändet hat.

*

Der Unterschied zwischen der alten und der neuen Seelenkunde ist der, dass die alte über jede Abweichung von der Norm sittlich entrüstet war und die neue der Minderwertigkeit zu einem Standesbewusstsein verholfen hat.

*

Das wissen weder Mediziner noch Juristen: dass es in der Erotik weder ein erweislich Wahres gibt noch einen objektiven Befund; dass uns kein Gutachten von dem Wert des Gegenstands überzeugen und keine Diagnose uns enttäuschen kann; dass man gegen alle tatsächlichen Voraussetzungen liebt und gegen den wahren Sachverhalt sich selbstbefriedigt. Kurzum, dass es die höchste Zeit ist, aus einer Welt, die den Denkern und den Dichtern gehört, die Juristen und Mediziner hinauszujagen.

*

Sie haben die Presse, sie haben die Börse, jetzt haben sie auch das Unterbewusstsein?

*

Wenn dir etwas gestohlen wurde, geh nicht zur Polizei, die das nicht interessiert, und nicht zum Psychologen, den daran nur das Eine interessiert, dass eigentlich du etwas gestohlen hast.

*

Psychologie ist so müßig wie eine Gebrauchsanweisung für Gift.

*

Psychologen sind Durchschauer der Leere und Schwindler der Tiefe.

*

Satiren, die der Zensor versteht, werden mit Recht verboten.

*

Die Phrase ist das gestärkte Vorhemd vor einer Normalgesinnung, die nie gewechselt wird.

*

Der Tropf, der von Kunst spricht, hält den Künstler, der von ihr spricht, für unbescheiden.

*

Bildung ist das, was die meisten empfangen, viele weitergeben und wenige haben.

*

Wäre Wissen eine Angelegenheit des Geistes, wie wär's möglich, dass es durch so viele Hohlräume geht, um, ohne eine Spur seines Aufenthaltes zurückzulassen, in so viele andere Hohlräume überzugehen?

*

Nahrung ist eindrucksfähiger als Bildung, ein Magen bildsamer als ein Kopf.

*

Was die Lehrer verdauen, das essen die Schüler.

*

Vielwisser dürften in dem Glauben leben, dass es bei der Tischlerarbeit auf die Gewinnung von Hobelspänen ankommt.

*

Die geistige Anregung des Kindes besorgt die Amme mit ihrem „guck guck – da da". Erwachsenen zeigt man etwas aus Kunst und Wissenschaft, damit sie nicht schreien. Kinder singt man mit „Weißt du, wie viel Sterne stehen" in den Schlaf. Erwachsene beruhigen sich erst, wenn sie auch die Namen wissen und die Entfernung der Kassiopeia von der Erde, sowie dass diese nach der Gemahlin des äthiopischen Königs Kepheus und Mutter der Andromeda benannt ist.

*

Leute, die über den Wissensdurst getrunken haben, sind eine gesellschaftliche Plage.
Man soll nicht mehr lernen, als man unbedingt gegen das Leben braucht.

*

Humanität ist das Waschweib der Gesellschaft, das ihre schmutzige Wäsche in Tränen auswindet.

*

Wie kommt es denn, dass der liberale Inhalt keine andere Sprache findet als dieses entsetzliche seit Banalitätsäonen millionenmal ausgespuckte Idiom? Dass man sich den Phönix nur noch als Versicherungsagenten vorstellen kann und den Genius der Freiheit nur noch als schäumenden Börseaner?

*

Die Phrase und die Sache sind eins.

*

Die Verzerrung der Realität im Bericht ist der wahrheitsgetreue Bericht über die Realität.

*

Die Welt ist taub vom Tonfall. Ich habe die Überzeugung, dass die Ereignisse sich gar nicht mehr ereignen, sondern dass die Klischees selbsttätig fortarbeiten. Oder wenn die Ereignisse, ohne durch die Klischees abgeschreckt zu sein, sich doch ereignen sollten, so werden die Ereignisse aufhören, wenn die Klischees zertrümmert sein werden. Die Sache ist von der Sprache angefault. Die Zeit stinkt schon von der Phrase.

*

Oh, das Altertum ist der Neuzeit schon lange verdächtig. Wollen mal sehen, was herauskommt, wenn man das Land der Griechen mit der Dreckseele sucht. Das geht nicht mehr so weiter mit den Griechen. Zuerst haben wir sie hysterisch gemacht, da waren sie noch immer schöner als wir. Jetzt wollen wir Christen und Juden aus ihnen machen.

*

Die Hässlichkeit der Jetztzeit hat rückwirkende Kraft.

*

Dass sich die Rache der Parias an den Träumen der Menschheit vergreifen darf, dass Gedicht und Sage dem elenden Bedürfnis der Historik und Psychologie verfallen, Religion und alle heilige Gewesenheit der Spucknapf sind für den intellektuellen Auswurf – das ist es, was dieses Leben erst unerträglich macht, wenn es über alle Hindernisse der Zeit gesiegt hat.

IV. Vom Künstler

Schöpferische Menschen können sich dem Eindruck fremder Schöpfung sperren. Darum verhalten sie sich oft zur Welt ablehnend, wenngleich sie nicht selten deren Unvollkommenheit empfinden.

*

Wenn Gott sah, dass es gut war, so hat ihm der Menschenglaube zwar die Eitelkeit, aber nicht die Unsicherheit des Schöpfers zugeschrieben.

*

Der Künstler lasse sich nie durch Eitelkeit zur Selbstzufriedenheit hinreißen.

*

Das Zeichen der Künstlerschaft: für sich aus dem Selbstverständlichen ein Problem machen und die Probleme der andern entscheiden; für andere wissen und sich selbst in die Hölle zweifeln; einen Diener fragen und einem Herrn antworten.

*

Es gibt einen produktiven Zweifel, der über ein totes Ultimatum hinausgeht. Ich könnte Hefte mit den Gedanken füllen, die ich bis zu einem Gedanken, und Bände mit jenen, die ich nach einem Gedanken gedacht habe.

*

Die meisten Schreiber sind so unbescheiden, dass sie immer von der Sache sprechen, wenn sie von sich sprechen sollten.

*

Das Verlangen, dass ein Satz zweimal gelesen werde, weil erst dann Sinn und Schönheit aufgehen, gilt für anmaßend oder hirnverbrannt. So weit hat der Journalismus das Publikum gebracht. Es kann sich unter der Kunst des Wortes nichts anderes vorstellen als die Fähigkeit, eine Meinung deutlich zu machen. Man schreibt »über« etwas. Die Anstreicher haben den Geschmack an der Malerei noch nicht so gründlich korrumpiert wie die Journalisten den Geschmack am Schrifttum. Oder der Snobismus hilft dort und bewahrt das Publikum davor, zuzugeben, dass es auch am Gemälde nur den Vorgang erfasse. Jeder Börsengalopin weiß heute, dass er anstandshalber zwei Minuten vor einem Bilde stehenbleiben muss. In Wahrheit ist er auch damit zufrieden, dass über etwas gemalt wird. Die Heuchelei, mit der die Blinden von der Farbe reden, ist schlimm. Aber schlimmer ist die Keckheit, mit der die Tauben die Sprache als Instrument des Lärms reklamieren.

*

Warum ist das Publikum so frech gegen die Literatur? Weil es die Sprache beherrscht. Die Leute würden sich ganz ebenso gegen die andern Künste vorwagen, wenn es ein Verständigungsmittel wäre, sich anzusingen, sich mit Farbe zu beschmieren oder mit Gips zu bewerfen. Das Unglück ist eben, dass die Wortkunst aus einem Material arbeitet, das der Bagage täglich durch die Finger geht. Darum ist der Literatur nicht zu helfen. Je weiter sie sich von der Verständlichkeit entfernt, desto zudringlicher reklamiert das Publikum sein Material.

Das Beste wäre noch, die Literatur so lange vor dem Publikum zu verheimlichen, bis ein Gesetz zustande kommt, welches den Leuten die Umgangssprache verbietet und ihnen nur erlaubt, sich in dringenden Fällen einer Zeichensprache zu bedienen. Aber ehe dieses Gesetz zustande kommt, dürften sie wohl gelernt haben, die Arie »Wie geht das Geschäft?« mit einem Stillleben zu beantworten.

*

Der Journalismus, der die Geister in seinen Stall treibt, erobert indessen ihre Weide. Tagschreiber möchten Autoren sein. Es erscheinen Feuilletonsammlungen, an denen man nichts so sehr bestaunt, als dass dem Buchbinder die Arbeit nicht in der Hand zerfallen ist. Brot wird aus Brosamen gebacken. Was ist es, das ihnen Hoffnung auf die Fortdauer macht? Das fortdauernde Interesse an dem Stoff, den sie sich »wählen«. Wenn einer über die Ewigkeit plaudert, sollte er da nicht gehört werden, solange die Ewigkeit dauert? Von diesem Trugschluss lebt der Journalismus. Er hat immer die größten Themen, und unter seinen Händen kann die Ewigkeit aktuell werden; aber sie muss ihm auch ebenso leicht wieder veralten. Der Künstler gestaltet den Tag, die Stunde, die Minute. Sein Anlass mag zeitlich und lokal noch so begrenzt und bedingt sein, sein Werk wächst umso grenzenloser und freier, je weiter es dem Anlass entrückt wird. Es veralte getrost im Augenblick: Es verjüngt sich in Jahrzehnten.

*

Dawider vermag die wertverschiebende Tendenz des Journalismus nichts auszurichten. Er kann den Uhren, die er aufzieht, Garantiescheine für ein Säkulum mitgeben: Sie stehen schon, wenn der Käufer den Laden verlassen hat. Der Uhrmacher sagt, die Zeit sei schuld, nicht die Uhr, und möchte jene zum Stehen bringen, um den Ruf der Uhr zu retten. Er macht die Stunde schlecht oder schweigt sie tot. Aber ihr Genius zieht weiter und macht hell und dunkel, obschon das Zifferblatt es anders will. Wenn es zehn schlägt und elf zeigt, können wir im Mittag halten, und die Sonne lacht über die gekränkten Uhrmacher.

*

Was vom Stoff lebt, stirbt vor dem Stoffe. Was in der Sprache lebt, lebt mit der Sprache.

*

Der Gedankenlose denkt, man habe nur dann einen Gedanken, wenn man ihn hat und in Worte kleidet. Er versteht nicht, dass in Wahrheit nur der ihn hat, der das Wort hat, in das der Gedanke hineinwächst.

*

Die Sprache ist die Mutter, nicht die Magd des Gedankens.

*

Wissenschaft ist Spektralanalyse. Kunst ist Lichtsynthese.

*

Es gibt Vorahmer von Originalen. Wenn zwei einen Gedanken haben, so gehört er nicht dem, der ihn früher hatte, sondern dem, der ihn besser hat.

*

Es gibt eine Zuständigkeit der Gedanken, die sich um ihren jeweiligen Aufenthalt wenig kümmert.

*

Man tadelte Herrn v. H. wegen eines schlechten Satzes. Mit Recht. Denn es stellte sich heraus, dass der Satz von Jean Paul und gut war.

*

Ein Gedanke ist nur dann echtbürtig, wenn man die Empfindung hat, als ertappe man sich bei einem Plagiat an sich selbst.

*

Der längste Atem gehört zum Aphorismus.

*

Einer, der Aphorismen schreiben kann, sollte sich nicht in Aufsätzen zersplittern.

*

Vom Künstler und dem Gedanken gelte das Nestroy'sche Wort: Ich hab' einen Gefangenen gemacht, und er lässt mich nicht mehr los.

*

In der Kunst kommt es nicht darauf an, dass man Eier und Fett nimmt, sondern dass man Feuer und Pfanne hat.

*

Effekt, sagt Wagner, ist Wirkung ohne Ursache. Kunst ist Ursache ohne Wirkung.

*

Der Journalist ist vom Termin angeregt. Er schreibt schlechter, wenn er Zeit hat.

*

Schon mancher hat durch seine Nachahmer bewiesen, dass er kein Original ist.

*

Ein Original, dessen Nachahmer besser sind, ist keines.

*

Heinrich Heine hat der deutschen Sprache so sehr das Mieder gelockert, dass heute alle Kommis an ihren Brüsten fingern können.

*

Mit dem Dieb ist auch der Eigentümer entlarvt. Er selbst war durch einen Dietrich ins Haus gekommen und ließ die Tür offen.

*

Wenn in einem Satz ein Druckfehler stehengeblieben ist und er gibt doch einen Sinn, so war der Satz kein Gedanke.

*

Ich warne vor Nachdruck. Meine Sätze leben nur in der Luft meiner Sätze: So haben sie keinen Atem. Denn es kommt auf die Luft an, in der ein Wort atmet, und in schlechter krepiert selbst eines von Shakespeare.

*

O über die linke Midashand des Journalismus, die jeden fremden Gedanken, den sie berührt, in eine Meinung verwandelt! Wie soll man gestohlenes Gold reklamieren, wenn der Dieb nur Kupfer in der Tasche hat?

*

Der Kunst kommt es nicht auf die Meinung an, sie schenkt sie dem Journalismus zu selbstständiger Verwertung, und sie ist gerade dann in Gefahr, wenn er ihr recht gibt.

*

Mein Wort in der Hand eines Journalisten ist schlechter, als was er selbst schreiben kann. Wozu also die Belästigung des Zitierens? Sie glauben Proben eines Organismus liefern zu können. Um zu zeigen, dass ein Weib schön ist, schneiden sie ihm die Augen aus. Um zu zeigen, dass mein Haus wohnlich ist, setzen sie meinen Balkon auf ihr Trottoir.

*

Ein Werk der Sprache in eine andere Sprache übersetzt, heißt, dass einer ohne seine Haut über die Grenze kommt und drüben die Tracht des Landes anzieht. Man kann einen Leitartikel, aber kein Gedicht übersetzen. Denn man kann zwar nackt über die Grenze kommen, aber nicht ohne Haut, weil die im Gegensatz zum Kleid nicht nachwächst.

*

Ein Gedankenstrich ist zumeist ein Strich durch den Gedanken.

*

Es gibt eine Originalität aus Mangel, die nicht imstande ist, sich zur Banalität emporzuschwingen.

*

Wer nicht Temperament hat, muss Ornament haben. Ich kenne einen Schriftsteller, der es sich nicht zutraut, das Wort „Skandal" hinzuschreiben, und der deshalb „Skandalum" sagen muss. Denn es gehört mehr Kraft dazu, als er hat, um im gegebenen Augenblick das Wort „Skandal" zu sagen.

*

Wer sich darauf verlegt, Präfixe zu töten, dem geht's nicht um die Wurzel. Wer weisen will, beweist nicht; wer kündet, hat nichts zu verkünden.

*

Wer von Berufswegen über die Gründe des Seins nachdenkt, muss nicht einmal so viel zustande bringen, um seine Füße daran zu wärmen. Aber beim Schuhflicken ist schon manch einer den Gründen des Seins nahegekommen.

*

Im Epischen ist etwas von gefrorner Überflüssigkeit.

*

Ich habe gegen die Romanliteratur aus dem Grunde nichts einzuwenden, weil es mir zweckmäßig erscheint, dass das, was mich nicht interessiert, umständlich gesagt wird.

*

An einem wahren Porträt muss man erkennen, welchen Maler es vorstellt.

*

Der Bürger duldet nichts Unverständliches im Haus.

V. Von zwei Städten

Ich muss den Ästheten eine niederschmetternde Mitteilung machen: Alt-Wien war einmal neu.

*

Wien hat eine schöne Umgebung, in die Beethoven öfter geflüchtet ist.

*

Das österreichische Leben hat eine Entschädigung: Die schöne Leich.

*

Gegen das Buch gegen Berlin: Ein Kulturmensch wird lieber in einer Stadt leben, in der keine Individualitäten sind, als in einer Stadt, in der jeder Trottel eine Individualität ist.

*

In Wien stellen sich die Nullen vor den Einser.

*

Was Berlin von Wien auf den ersten Blick unterscheidet, ist die Beobachtung, dass man dort eine täuschende Wirkung mit dem wertlosesten Material erzielt, während hier zum Kitsch nur echtes verwendet wird.

*

Wahrlich, ich sage euch, eher wird sich Berlin an die Tradition gewöhnen als Wien an die Maschine.

*

Ich kenne ein Land, wo die Automaten Sonntagsruhe haben und unter der Woche nicht funktionieren.

VI. Zufälle, Einfälle

Der Teufel ist ein Optimist, wenn er glaubt, dass er die Menschen schlechter machen kann.

*

Die Mystiker übersehen manchmal, dass Gott alles ist, nur kein Mystiker.

*

Karriere ist ein Pferd, das ohne Reiter vor dem Tor der Ewigkeit anlangt.

*

Ein Gourmet sagte mir: Was die Creme der Gesellschaft anlange, so sei ihm der Abschaum der Menschheit lieber.

*

Ein Schein von Tiefe entsteht oft dadurch, dass ein Flachkopf zugleich ein Wirrkopf ist.

*

Ein Original ist heute, wer zuerst gestohlen hat.

*

Ein Plagiator sollte den Autor hundertmal abschreiben müssen.

*

Die jungen Leute sprechen so viel vom Leben, weil sie es nicht kennen. Es würde ihnen die Rede verschlagen.

*

Ein Wolf im Wolfspelz. Ein Filou, unter dem Vorwand, es zu sein.

*

Hass muss produktiv machen. Sonst ist es gleich gescheiter, zu lieben.

*

Es ist die äußerste Undankbarkeit, wenn die Wurst das Schwein ein Schwein nennt.

*

Manche haben den Größenwahn verrückt zu sein und sind nur untergeschnappt.

*

Eine der verbreitetsten Krankheiten ist die Diagnose.

*

Und wenn die Erde erst ahnte, wie sich der Komet vor der Berührung mit ihr fürchtet!

VII. Pro domo et mundo

Weh der Zeit, in welcher Kunst die Erde nicht unsicher macht und vor dem Abgrund, der den Künstler vom Menschen trennt, dem Künstler schwindlig wird und nicht dem Menschen!

*

Kunst bringt das Leben in Unordnung. Die Dichter der Menschheit stellen immer wieder das Chaos her.

*

Der moderne Weltuntergang wird sich so vollziehen, dass gelegentlich der Vervollkommnung der Maschinen sich die Betriebsunfähigkeit der Menschen herausstellt. Den Automobilen gelingt es nicht, die Chauffeure vorwärts zu bringen.

*

Der Fortschritt feiert Pyrrhussiege über die Natur.

*

Wenn eine Kultur fühlt, dass es mit ihr zu Ende geht, lässt sie den Priester kommen.

*

Es wäre mehr Unschuld in der Welt, wenn die Menschen für all das verantwortlich wären, wofür sie nicht können.

*

Entwicklung ist Zeitvertreib für die Ewigkeit. Ernst ist's ihr nicht damit.

*

Wenn schon etwas geglaubt werden soll, was man nicht sieht, so würde ich immerhin die Wunder den Bazillen vorziehen.

*

Der Weltschmerz ist die Gicht des Geistes. Aber man spürt es wenigstens, wenn das schlechte Wetter kommt.

*

Wenn die ersten Enttäuschungen kommen, genießt man den Lebensüberdruss in vollen Zügen, man ist ein Springinsfeld des Todes und leicht bereit, dem Augenblick alle Erwartung zu opfern. Später erst reift man zu einer Gourmandise des Selbstmords und erkennt, dass es immer noch besser ist, den Tod vor sich als das Leben hinter sich zu haben.

*

Die Gesetzlichkeit spricht sowohl die Verantwortlichen schuldig als die, die nichts dafür können.
Die Humanität spricht die Verantwortlichen schuldig und die Unverantwortlichen frei. Die Anarchie spricht beide frei. Die Kultur spricht die Unverantwortlichen schuldig und die frei, die etwas dafürkönnen.

*

Fantasie macht nicht Luftschlösser, sondern Luftschlösser aus Baracken.

*

Die Widersprüche im Künstler müssen sich irgendwo in einer höheren Ebene treffen, und wäre es dort, wo Gott wohnt.

*

Die Sonne hat Weltanschauung. Die Erde dreht sich. Widersprüche im Künstler sind Widersprüche im Betrachter, der nicht Tag und Nacht zugleich erlebt.

*

Kunst ist das, was Welt wird, nicht was Welt ist.

*

Der Künstler soll dem Hörer Konzessionen machen. Darum hat Bruckner eine Symphonie dem lieben Gott gewidmet.

*

Zwei Läufer laufen zeitentlang,
der eine dreist, der andre bang:
Der von Nirgendher sein Ziel erwirbt;
der vom Ursprung kommt und am Wege stirbt.
Der von Nirgendher das Ziel erwarb,
macht Platz dem, der am Wege starb.
Und dieser, den es ewig bangt,
ist stets am Ursprung angelangt.

*

Viele, die in meiner Entwicklung zurückgeblieben sind, können verständlicher aussprechen, was ich mir denke.

*

Der Satire Vorstellungen machen, heißt die Verdienste des Holzes gegen die Rücksichtslosigkeit des Feuers ins Treffen führen.

*

Die Satire wählt und kennt keine Objekte. Sie entsteht so, dass sie vor ihnen flieht und sie sich ihr aufdrängen.

*

Es gibt keinen so Positiven wie den Künstler, dessen Stoff das Übel ist. Er erlöst von dem Übel. Jeder andere lenkt davon nur ab und lässt es in der Welt, welche dann das schutzlose Gefühl umso härter angreift.

*

Ich habe schon manches Stilproblem zuerst durch den Kopf und dann durch Kopf und Adler entschieden.

*

Meine Sprache ist die Allerweltshure, die ich zur Jungfrau mache.

*

Nachts am Schreibtisch, in einem vorgerückten Stadium geistigen Genusses, würde ich die Anwesenheit einer Frau störender empfinden als die Intervention eines Germanisten im Schlafzimmer.

*

Ich mische mich nicht gern in meine Privatangelegenheiten.

*

Wenn ich die Feder in die Hand nehme, kann mir nichts geschehen. Das sollte sich das Schicksal merken.

*

Ich bitte niemand um Feuer. Ich will es keinem verdanken. In Leben, Liebe und Literatur nicht. Und rauche doch.

*

Ich lasse mich nicht hindern zu gestalten, was mich hindert zu gestalten.

*

Es ist ein Jammer, dass nur die Intelligenz kapiert, was ich gegen sie auf dem Herzen habe. Das Herz versteht es nicht.

*

Wer jetzt übertreibt, kann leicht in den Verdacht kommen, die Wahrheit zu sagen. Wer erfindet, informiert zu sein.

*

Aussprechen, was ist – ein niedriger Heroismus. Nicht dass es ist, sondern dass es möglich ist: darauf kommt es an. Aussprechen, was möglich ist!

*

Das Leben ist eine Anstrengung, die einer besseren Sache würdig wäre.

*

Die Außenwelt ist eine lästige Begleiterscheinung eines unbehaglichen Zustands.

*

Ich und das Leben: Die Affäre wurde ritterlich ausgetragen. Die Gegner schieden unversöhnt.

DRITTES BUCH

NACHTS

I. Eros

Es ist gut, dass es der Gesellschaft, die daran ist, die weibliche Lust trockenzulegen, zuerst mit der männlichen Fantasie gelingt. Sie wäre sonst durch die Vorstellung ihres Endes behindert.

*

Das Weib nimmt einen für alle, der Mann alle für eine.

*

Dieser Dichter war nur schamlos aus lauter Schamgefühl. Er schämte sich so sehr seiner Sittlichkeit, dass er sich Stoffe umhing, an denen das Publikum Anstoß nahm.

*

Wenn man nur beizeiten den Kindern verboten hätte, sich zu schnäuzen, die Erwachsenen würden schon rot werden dabei.

*

Sexuelle Aufklärung ist jenes hartherzige Verfahren, wodurch es der Jugend aus hygienischen Gründen versagt wird, ihre Neugierde selbst zu befriedigen.

*

Sexuelle Aufklärung ist insoweit berechtigt, als die Mädchen nicht früh genug erfahren können, wie die Kinder nicht zur Welt kommen.

*

Ich bin vorsichtig geworden. Als ich einmal einen An-beter hinauswarf, wollte er mich wegen Religionsstö-rung anzeigen.

*

Wenn mich einer eitel und gemein nennt, so weiß ich, dass er mir vertraut und mir etwas zu beichten hätte.

*

Perversität ist die haushälterische Fähigkeit, die Frauen auch in den Pausen genießbar zu finden, zu denen sie die männliche Norm verurteilt hat.

*

Die Ehe ist eine Mesalliance.

*

Das eheliche Schlafzimmer ist das Zusammenleben von Rohheit und Martyrium.

*

Erröten, Herzklopfen, ein schlechtes Gewissen – das kommt davon, wenn man nicht gesündigt hat.

*

In diesem Vergleich müssen sie's verstehen: Wie legen die Bürger die Liebe an? Sie essen vom Kapital und ha-ben es in der eisernen Kasse liegen.
Eifersüchtige sind Wucherer, die vom eigenen Pfund die höchsten Zinsen nehmen.

*

Die wahre Eifersucht will nicht nur Treue, sondern den Beweis der Treue als eines vorstellbaren Zustands. Dem Eifersüchtigen genügt nicht, dass die Geliebte nicht untreu ist. Eben das, was sie nicht tut, lässt ihn nicht zur Ruhe kommen. Da es aber für Unterlassung keinen Beweis gibt und der Eifersüchtige auf einen Beweis dringt, so nimmt er schließlich auch mit dem Beweis der Untreue vorlieb.

*

Eifersucht ist immer unberechtigt, finden die Frauen. Denn entweder ist sie berechtigt oder unberechtigt. Ist sie unberechtigt, so ist sie doch nicht berechtigt. Ist sie aber berechtigt, so ist sie nicht berechtigt. Nun also. Und so bleibt nichts übrig als der Wunsch, einmal doch den Augenblick zu erwischen, wo sie berechtigt ist!

*

In der Liebe ist jener der Hausherr, der dem andern den Vortritt lässt.

*

Der Sklave! Sie macht mit ihm rein was er will.

*

Er zwang sie, ihr zu Willen zu sein.

*

Die gebildete Frau ist unaufhörlich mit dem Vorsatz befasst, keinen Geschlechtsverkehr einzugehen, und ist auch imstande, ihn, nämlich den Vorsatz, auszuführen. Der gebildete Mann ist nie mit dem Vorsatz befasst, keinen Gedanken zu haben, sondern es gelingt ihm, ehe er sich dazu entschließt.

*

Eine Frau muss so gescheit aussehen, dass ihre Dummheit eine angenehme Überraschung bedeutet.

*

Die Huren auf der Straße benehmen sich so schlecht, dass man daraus auf das Benehmen der Bürger im Hause schließen kann.

∗

Es gibt Frauen, die auf ihrem Gesicht mehr Lügen aufgelegt haben, als Platz ist: die des Geschlechts, die der Moral, der Rasse, der Gesellschaft, des Staates, der Stadt, und wenn es gar Wienerinnen sind, die des Bezirkes und die der Gasse.

∗

Es gibt Weiber, die so stolz sind, dass sie sich nicht einmal durch Verachtung zu einem Manne hingezogen fühlen.

∗

Ich hab' einmal eine gekannt, die hat zum Teufel „Sie Schlimmer" gesagt und nachher: „Was werden Sie von mir denken." Da musste der Teufel mit seiner Wissenschaft einpacken. Sein Trost war, dass sie immerhin beim Gebet auch nicht an Gott glaubte.

∗

Er war so unvorsichtig, ihr vor jedem Schritt die Steine aus dem Weg zu räumen. Da holte er sich einen Fußtritt.

∗

Das Weib lässt sich keinen Beschützer gefallen, der nicht zugleich eine Gefahr ist.

∗

Das Verständnis meiner Arbeit ist erschwert durch die Kenntnis meines Stoffes. Dass das, was da ist, erst erfunden werden muss und dass es sich lohnt, es zu erfinden, sehen sie nicht ein. Und auch nicht, dass ein Satiriker, dem die Personen so vorhanden sind, als hätte er sie erfunden, mehr Kraft braucht als der, der die Personen so erfindet, als wären sie vorhanden.

Man kennt meine Anlässe persönlich. Darum glaubt man, es sei mit meiner Kunst nicht weit her.

II. Kunst

Ich mache kleine Leute durch meine Satire so groß, dass
sie nachher würdige Objekte für meine Satire sind und
mir kein Mensch mehr einen Vorwurf machen kann.
Die Leute, die mir die irdischen Anlässe vorwerfen,
dürften die Astronomie für eine kosmische Angelegenheit halten.

*

Ich bin schon so populär, dass einer, der mich be-
schimpft, populärer wird als ich.

*

Wenn der Leser den Autor fragt, was er sich dabei gedacht habe, so beweist das nichts gegen den Gedanken.
Aber er ist sicher gut, wenn der Autor es nicht mehr weiß
und den Leser fragt, was er sich dabei gedacht habe.

*

Logik ist die Feindin der Kunst. Aber Kunst darf nicht
die Feindin der Logik sein. Logik muss der Kunst einmal geschmeckt haben und von ihr vollständig verdaut
worden sein. Um zu behaupten, dass zwei mal zwei fünf
ist, hat man zu wissen, dass zwei mal zwei vier ist. Wer
freilich nur dieses weiß, wird sagen, jenes sei falsch.

*

Zwischen den Zeilen kann höchstens ein Sinn verbor-
gen sein. Zwischen den Worten ist Platz für mehr: für
den Gedanken.

*

Dass die Sprache den Gedanken nicht bekleidet, sondern der Gedanke in die Sprache hineinwächst, das wird der bescheidene Schöpfer den frechen Schneidern nie weismachen können.

*

Ich beherrsche nur die Sprache der andern. Die meinige macht mit mir, was sie will.

*

Wenn ich nicht weiterkomme, bin ich an die Sprachwand gestoßen. Dann ziehe ich mich mit blutigem Kopf zurück. Und möchte weiter.

*

Am Ursprung gibt's kein Plagiat.

*

Das Hauptwort ist der Kopf, das Zeitwort ist der Fuß, das Beiwort sind die Hände. Die Journalisten schreiben mit den Händen.

*

Der Erzähler unterscheidet sich vom Politiker nur dadurch, dass er Zeit hat. Gemeinsam ist beiden, dass die Zeit sie hat.

*

Autoren, die es zuerst erleben und dann beschreiben, sind Berichterstatter, auf die man sich verlassen kann. Dichter erschreiben es nur.

*

Ich hab's noch nicht versucht, aber ich glaube, ich müsste mir erst zureden und dann fest die Augen schließen, um einen Roman zu lesen.

*

Die Phrase ist manchmal doch einer gewissen Plastik fähig. Von einem Buch, das als Reiselektüre empfohlen wurde, hieß es: »Und wer das Buch zu lesen beginnt, liest es in einem Zuge durch.«

*

Ein Künstler, der Erfolg hat, muss den Kopf nicht hängenlassen. Er soll erst dann an sich verzweifeln, wenn ein Schwindler durchfällt.

*

Nicht jeder, der kein Künstler ist, muss deshalb auch schon Erfolg haben. Man kann auch so zwischen zwei Stühlen sitzen, dass man von dem einen hinuntergestoßen und zu dem andern nicht hinaufgelassen wurde.

*

Manche Talente bewahren ihre Frühreife bis ins späte Alter.

*

Ein Gedicht ist so lange gut, bis man weiß, von wem es ist.

*

Dieser Autor ist so tief, dass ich als Leser lange gebraucht habe, um ihm auf die Oberfläche zu kommen.

*

Die Hemmungslosigkeit eines Peter Altenberg schließt mehr Menschlichkeit auf, als zehn gebundene Jahrgänge der Wiener Literatur zurückhalten.

*

Ein Literaturprofessor meinte, dass meine Aphorismen nur die mechanische Umdrehung von Redensarten seien. Das ist ganz zutreffend. Nur hat er den Gedanken nicht erfasst, der die Mechanik treibt: dass bei der mechanischen Umdrehung der Redensarten mehr herauskommt als bei der mechanischen Wiederholung. Das ist das Geheimnis des Heutzutag, und man muss es erlebt haben. Dabei unterscheidet sich aber die Redensart noch immer zu ihrem Vorteil von einem Literaturprofessor, bei dem nichts herauskommt, wenn ich ihn auf sich beruhen lasse, und wieder nichts, wenn ich ihn mechanisch umdrehe.

*

Der Dichter schreibt Sätze, die kein schöpferischer Schauspieler sprechen kann, und ein schöpferischer Schauspieler spricht Sätze, die kein Dichter schreiben konnte. Die Wortkunst wendet sich an einen, an den Mann, an den idealen Leser. Die Sprechkunst an viele, an das Weib, an die realen Hörer. Zwei Wirkungsströme, die einander ausschalten. Der jahrhundertalte Wahnsinn, dass der Dichter auf die Bühne gehöre, bleibt dennoch auf dem Repertoire und wird jeden Abend vor ausverkauftem Haus ad absurdum geführt.
Ich weiß nicht, ob der Dichter etwas geträumt hat; aber von der Wirkung, die der Schauspieler mit der

Umbiegung seines Wortes erzielen kann, hat er sich gewiss nichts träumen lassen. Und solche Leute sind so schamlos, das Geld einzustecken, das andere gegen sie verdient haben.

*

Wenn der Autor, ein ungeschminkter Zivilist, sich an der Hand des Schauspielers verbeugen kommt, so wird er zum Akteur einer Komödie, die auch nicht von ihm ist.

*

Ich bin vielleicht der erste Fall eines Schreibers, der sein Schreiben zugleich schauspielerisch erlebt. Würde ich darum einem andern Schauspieler meinen Text anvertrauen?

*

Solange die Malerei nicht den Leuten was malt und die Musik ihnen nicht heimgeigt, halte ich's mit der Literatur: Da kann man mit ihnen Deutsch reden.

*

Die Sprache tastet wie die Liebe im Dunkel der Welt einem verlorenen Urbild nach. Man macht nicht, man ahnt ein Gedicht.

*

Mir scheint alle Kunst nur Kunst für heute zu sein, wenn sie nicht Kunst gegen heute ist. Sie vertreibt die Zeit – sie vertreibt sie nicht! Der wahre Feind der Zeit ist die Sprache. Sie lebt in unmittelbarer Verständigung mit dem durch die Zeit empörten Geist. Hier kann jene Verschwörung zustande kommen, die Kunst ist. Die

Gefälligkeit, die von der Sprache die Worte stiehlt, lebt in der Gnade der Zeit. Kunst kann nur von der Absage kommen. Nur vom Aufschrei, nicht von der Beruhigung. Die Kunst, zum Troste gerufen, verlässt mit einem Fluch das Sterbezimmer der Menschheit. Sie geht durch Hoffnungsloses zur Erfüllung.

.

III. Zeit

Die Ärzte wissen noch nicht, ob es humaner sei, die Leiden des sterbenden Menschen zu verlängern oder zu verkürzen. Ich aber weiß, dass es am humansten ist, die Leiden der sterbenden Menschheit zu verkürzen.

*

Die Verluste an Sinnlichkeit und Fantasie, die Ausfallserscheinungen der Menschheit, sind kinodramatisch.

*

Die Technik ist ein Dienstbote, der nebenan so geräuschvoll Ordnung macht, dass die Herrschaft nicht Musik machen kann.

*

Das sind die wahren Wunder der Technik, dass sie das, wofür sie entschädigt, auch ehrlich kaputtmacht.

*

Was an einem einzigen Tage der letzten fünfzig Jahre gedruckt wurde, hat mehr Macht gegen die Kultur gehabt als sämtliche Werke Goethes für eine solche.

*

Schwarz auf weiß: So hat man jetzt die Lüge.

*

Ich habe eine schwer leserliche Handschrift. Der Setzer muss mich erraten. Einer, der's traf, setzte anstatt „das ist ihnen heilig": „das ist ihnen Zeitung".

*

Schmerzlichstes Abbild der Zivilisation: ein Löwe, der die Gefangenschaft gewohnt war und, der Wildnis zurückgegeben, dort auf und ab geht wie vor Gitterstäben. Kultur ist die Pflege der Vernachlässigung einer Naturanlage.

*

Es gibt keine Dankbarkeit vor der Technik. Es hat erfunden zu werden.

*

Wenn ich nur ein Telefon habe, der Wald wird sich finden! Ohne Telefon kann man nur deshalb nicht leben, weil es das Telefon gibt. Ohne Wald wird man nicht leben können, auch wenn's längst keinen Wald mehr geben wird. Dies gilt für die Menschheit. Wer über ihren Idealen lebt, wird doch ein Sklave ihrer Bedürfnisse sein und leichter Ersatz für den Wald als für das Telefon finden. Die Fantasie hat ein Surrogat an der Technik gefunden; die Technik ist ein Surrogat, für das es keines gibt. Die andern, die nicht den Wald, wohl aber das Telefon in sich haben, werden daran verarmen, dass es außen keine Wälder gibt. Die gibt es nicht, weil es innen und außen Telefone gibt. Aber weil es sie gibt, kann man ohne sie nicht leben. Denn die technischen Dinge hängen mit dem Geist so zusammen, dass eine Leere entsteht, weil sie da sind, und ein Vakuum, wenn sie nicht da sind. Was sich innerhalb der Zeit begibt, ist das unentbehrliche Nichts.

*

Adolf Loos[2] und ich, er wörtlich, ich sprachlich, haben nichts weiter getan als gezeigt, dass zwischen einer Urne und einem Nachttopf ein Unterschied ist und dass in diesem Unterschied erst die Kultur Spielraum hat. Die andern aber, die Positiven, teilen sich in solche, die die Urne als Nachttopf, und die den Nachttopf als Urne gebrauchen.

*

Wenn Herr Shaw Shakespeare angreift, so handelt er in berechtigter Notwehr.

*

Impotenz ist: das Geheimnis der Zeugung ergründen wollen. Das kann sie noch weniger und möchte es noch mehr. Damit habe ich das Geheimnis der Impotenz ergründet.

*

Der Analytiker macht Staub aus dem Menschen.

*

Vor dem Heiligtum, in dem ein Künstler träumt, stehen jetzt schmutzige Stiefel. Die gehören dem Psychologen, der drin wie zu Hause ist.

*

---

2   Architekt und enger Freund (und Taufpate) des Karl Kraus. Mit seinem »Funktionalismus« war er ein entschiedener Gegner des Jugendstils. Die strikte Trennung der Sphäre des Alltags vom Ornament entsprach auch der Kunstauffassung des Karl Kraus.

„Gottvoll" ist in mancher Gegend ein Superlativ von „komisch". Ein Berliner, der eine Moschee betrat, fand diese gottvoll.

*

Alle Naturwissenschaft beruht auf der zutreffenden Erkenntnis, dass ein Zyklop nur ein Auge im Kopf hat, aber ein Privatdozent zwei.

*

Zeitgenossen leben aus zweiter Hand in den Mund.

*

Manche teilen meine Ansichten mit mir. Aber ich nicht mit ihnen.

*

Der Bibliophile hat annähernd dieselbe Beziehung zur Literatur wie der Briefmarkensammler zur Geografie.

*

Die Schule ohne Noten muss einer ausgeheckt haben, der von alkoholfreiem Wein betrunken war.

*

Alle Stände neigen zum Fall. Aber wenn ein Bürger verkommt, so besteht Aussicht, dass aus ihm noch etwas wird, während, wenn ein Aristokrat auf dem Weg ist, ein nützliches Mitglied der menschlichen Gesellschaft zu werden, der Familienrat zusammentreten sollte.

*

Aristokraten, die Schlepper für Großindustrielle sind, sollten von ihren Kammerdienern geohrfeigt werden dürfen.

*

Was hat man denn nur gegen die Konvikte! Ist es denn schöner, das Zusammenleben im Pferch der Freiheit, wo die jungen Leute mutuelle Psychologie treiben?

*

Eine Wissenschaft, die vom Geschlecht sowenig weiß wie von der Kunst, verbreitet das Gerücht, dass im Kunstwerk die Sexualität des Künstlers »sublimiert« werde. Eine saubere Bestimmung der Kunst, das Bordell zu ersparen! Da ist es doch eine viel feinere Bestimmung des Bordells, die Sublimierung durch ein Kunstwerk zu ersparen. Wie bedenklich das von den Künstlern geübte Verfahren, abgesehen von seiner Weitschweifigkeit, in seiner Wirkung auf die Empfangenden bleibt, beweist gerade der Fall des bedeutenden Tonkünstlers, der von jener Wissenschaft gern als Beispiel gelungener Sublimierung herangezogen wird. Die Hörer seiner Musik fühlen sich von der darin sublimierten Sexualität dermaßen angeregt, dass ihnen oft kein anderer Ausweg als jener bleibt, den der Künstler gemieden hat, es wäre denn, dass sie selbst imstande sind, rechtzeitig eine Sublimierung vorzunehmen. Hätte der Künstler den einfacheren Weg gewählt, so wäre diese Wirkung den Hörern erspart geblieben. So geschieht es, dass durch die üble Gewohnheit der Künstler, die Sexualität zu sublimieren, diese erst frei wird und dass eine Angelegenheit, die so recht eine Privatangelegenheit des Künstlers zu bleiben hätte, zu einem öffentlichen Skandal ausartet.

*

Ein Psycholog weiß um die Entstehung des »Fliegenden Holländers« Bescheid: »aus einer Kinderfantasie Richard Wagners, die dem Größenwunsch des Knaben entsprang, es seinem Vater gleichzutun, sich an Stelle des Vaters zu setzen, groß zu sein wie er ...« Da aber nach den Versicherungen der Psychologen dies der seelische Habitus aller Knaben ist – ganz abgesehen von der erotischen Eifersucht und den Inzestgedanken, die das Kind mit der Muttermilch einsaugt und die nur bei Soxhlet nicht die Oberhand behalten –, so müsste die Psychologie bloß noch die eine Frage beantworten: welche spezifischen Anlagen oder Eindrücke bei Wagner die Entstehung des »Fliegenden Holländers« vorbereitet haben. Denn Wagner ist von allen Geschlechtsgenossen der einzige, dem die Autorschaft des »Fliegenden Holländers« zugeschrieben werden kann, während die meisten andern dem Größenwunsch, es dem Vater gleichzutun, eine Karriere als Börseaner, Advokaten, Tramwaykondukteure oder Musikkritiker verdanken, und nur die, die davon geträumt haben, Heroen zu werden, Psychologen geworden sind.

Der Wille der Psychoanalyse ist: die Unkraft von dem Punkt, wohin der Künstler gekommen ist, den Weg zurückzuführen bis zu dem Punkt, von wo er nach analytischem Dafürhalten ausgegangen sein muss: bis zum Abort. Die Aussicht ist lohnend, aber die Partie ist kostspielig. Man fährt mit dem

Retourbillett der Fantasie. Ist der Schwache dort angelangt, von wo der Starke hergekommen ist, so darf er sich selbstständig machen. Er darf mit besseren Chancen weiter onanieren, seitdem er gehört hat, dass Goethes Zauberlehrling aus diesem Punkte zu kurieren sei. Solche Beruhigung hat viel für sich, aber der Außenstehende weiß nicht, was gemeiner ist: die Reduzierung des Kunstwerkes auf den physiologischen Rest oder die Reduzierung der Erotik auf das pathologische Maß. Denn die Wissenschaftler wissen nur eines nicht: dass von allem, was das Geschlecht angeht, und selbst von der Onanie das si duo faciunt idem gilt. Und dass die Kunst in jedem Falle non est idem[3].

*

Den Weg zurück ins Kinderland möchte ich, nach reiflicher Überlegung, doch lieber mit Jean Paul als mit S. Freud machen.

*

Der Psychoanalytiker ist ein Beichtvater, den es gelüstet, auch die Sünden der Väter abzuhören.

*

Die Psychoanalytiker ahnden die Sünden der Väter bis ins dritte Geschlecht, indem sie dieses heilen wollen.

*

Ich bin der Rationalist jenes Wunderglaubens, den sich die Psychoanalyse teuer bezahlen lässt.

*

---

3   Si duo faciunt idem non est idem: Wenn zwei dasselbe machen, ist es nicht dasselbe.

Das Unbewusste zu erklären ist eine schöne Aufgabe für das Bewusstsein. Das Unbewusste gibt sich keine Mühe und bringt es höchstens fertig, das Bewusstsein zu verwirren.

*

Die Nervenärzte haben es jetzt mit den Dichtern zu schaffen, die nach ihrem Tode in die Ordination kommen. Es geschieht ihnen insofern recht, als sie tatsächlich nicht imstande waren, die Menschheit auf einen Stand zu bringen, der die Entstehung von Nervenärzten ausschließt.

*

Psychoanalyse ist jene Geisteskrankheit, für deren Therapie sie sich hält.

*

Wo man Fremdwörter vermeiden kann, soll man's bekanntlich tun. Da hört man immer von »Psychoanalytikern«. Als ich einmal einen auch zu sehen bekam, fiel mir sofort die glückliche Verdeutschung »Seelenschlieferl« ein.

*

Psychologie ist die stärkere Religion, die selig im Zweifel macht. Indem die Schwäche nicht zur Demut, sondern zur Frechheit bekehrt wird, geht es ihr schon auf Erden gut. Die neue Lehre ist über jeden Glauben erhaben.

*

Die Literaten, die jetzt geboren werden, sind weniger konsistent, als ehedem die Gerüchte waren. Ich habe noch Gerüchte gekannt, an denen etwas dran war. Dem, was heute aus Schreibmaschinen zur Menschheit spricht, würde ich nicht über die Gasse trauen.

*

Das vertrackteste Problem dieser Zeit ist: dass sie Papier hat und, was gedruckt wird, käme es auch aus dem Mastdarm, als Urteil wirkt und als Humor.

*

Wogegen ich wehrlos bin, das sind Gerüchte, Hysteriker, Fliegen, Schleim und Psychologie. Mit dem Zufall nehme ich's schon auf. Und was die Intriganten anlangt – was die können, habe ich längst verschwitzt.

*

Dass ich gichtisch bin, will ich denen, die an meiner Gesundheit zweifeln, zugeben. Aber dass ich dann auch das kommende Gewitter spüre, das lasse ich mir nicht in Abrede stellen!

*

Wenn man mich fragt, von wem ich glaube, dass er dem Geist nähersteht: der Stiefelputzer eines böhmischen Grafen oder ein neuberliner Literat, so kann ich nur antworten, dass ich, ehe ich mir von einem neuberliner Literaten die Stiefel putzen ließe, ihm lieber mit dem Absatz ins Gesicht treten würde.

*

Wenn ein Schwätzer einen Tag lang keinen Hörer hat, wird er heiser.

*

Ich kannte einen, der die Bildung in der Westentasche hatte, weil dort mehr Platz war als im Kopf.

*

Bildung ist eine Krücke, mit der der Lahme den Gesunden schlägt, um zu zeigen, dass er auch bei Kräften sei.

*

Die Freidenker verhalten sich zum freien Denken wie die Zillertaler zur Natur.

Als ich zum ersten Mal von Freidenkern hörte, glaubte ich, es seien Redakteure, die wie die Theaterkarten auch die Gedanken gratis bekommen, wenn sie bei der Direktion einreichen.

*

Die Männer dieser Zeit lassen sich in zwei deutlich unterscheidbare Gruppen einteilen: die Kragenschoner und die Hosenträger.

*

Ich sah einen, der sah aus wie der Standard of life. Einen andern, der sah wie der sinkende Wohlstand aus. Der Redakteur verließ das Hotelzimmer des Herrn Venizelos und sah aus wie der Status quo. Vorbei ging die Welt, die hatte das Gesicht der besitzenden Klassen und das Gesäß der breiten Schichten.

*

Der Historiker ist nicht immer ein rückwärtsgekehrter Prophet, aber der Journalist ist immer einer, der nachher alles vorher gewusst hat.

*

Der Journalismus ist ein Terminhandel, bei dem das Getreide auch in der Idee nicht vorhanden ist, aber effektives Stroh gedroschen wird.

*

Steht die Kunst tagsüber im Dienste des Kaufmanns, so ist der Abend seiner Erholung an ihr gewidmet. Das ist viel verlangt von der Kunst, aber sie und der Kaufmann schaffen es.

IV. Wien

Ich glaube, dass wir der Entwicklung der Presse, die neuestens den Ministern „als Dolmetsch der in der Bevölkerung verbreiteten Ansichten unentbehrlich" erscheint, hauptsächlich das eine verdanken: dass ein lebendiger Kaffeesieder uns täglich gegenwärtiger ist als Grillparzer, Schubert und Stifter. Was allerdings auch mit den in der Bevölkerung verbreiteten Ansichten übereinstimmen dürfte.

*

Der Mensch wendet gegen den Hund ein, dass er Dreck sucht. Was noch mehr gegen ihn spricht, ist, dass er den Menschen sucht. Immerhin beweist er seine Höherwertigkeit dadurch, dass er nicht zum »Dreimäderlhaus« läuft.

*

Österreich hat durch seine politischen Blamagen erreicht, dass man in der großen Welt auf Österreich aufmerksam wurde und es endlich einmal nicht mehr mit Australien verwechselt.

*

Einen Brief absenden heißt in Österreich einen Brief aufgeben.

*

„Der Wiener geht nicht unter." Hoffnung oder Drohung? Vielleicht nur eine Höflichkeit, für »Unkraut verdirbt nicht«.

✳

Ich glaube nicht, dass der Wiener ein Kenner von Lyrik ist, wenn er behauptet, eine Mehlspeise sei ein Gedicht, das auf der Zunge zergeht.

✳

In Wien habe ich oft eine allgemeine Befriedigung bemerkt, wenn in einem Lokal ein Engländer sich schlecht benahm. Da wird Spalier gebildet und überall ist Freude. Ganz nüchtern wird der Osten, wenn der Westen besoffen ist.

V. 1915

Jetzt sind alle Gedankengänge Laufgräben. Meine gar Katakomben.

*

Eben jenes Böse, welches das Christentum nicht bändigen konnte, aufzupeitschen, ist der Druckerschwärze gelungen.

*

Das Kinderspiel „Wir spielen Weltkrieg" ist noch trostloser als der Ernst „Wir spielen Kinderstube". Es wäre dieser Menschheit zu wünschen, dass ihre Säuglinge mit Erfolg anfangen, einander auszuhungern und den Ammen die Kundschaft abzutreiben.

Es gibt eine Idee, die einst den wahren Weltkrieg in Bewegung setzen wird: Dass Gott den Menschen nicht als Konsumenten und Produzenten erschaffen hat. Dass das Lebensmittel nicht Lebenszweck sei. Dass der Magen dem Kopf nicht über den Kopf wachse. Dass das Leben nicht in der Ausschließlichkeit der Erwerbsinteressen begründet sei. Dass der Mensch in die Zeit gesetzt sei, um Zeit zu haben und nicht mit den Beinen irgendwo eher anzulangen als mit dem Herzen.

*

Im Kampf als solchem, den das Christentum verdammt, konnte einmal das Gute erlöst und das Böse im Kämpfer besiegt werden. Ist aber das Kampfmittel vom Bösen bezogen und der Zweck des Kampfes wieder nur, im Mittel zu wachsen, so siegt innen das Böse über das Gute. Wäre nun der Gegner ein solcher, der eben diesem Streben widerstrebt, so würde er außen zugrunde gehn, weil er das Mittel nicht hat, und innen, wenn er, um den Kampf zu bestehen, es erlangen möchte. Denn die Zeit ist so geartet, dass man an dem zugrunde geht, wodurch man siegt oder unterliegt.

*

Dieser Krieg wirkt aus den Verfallsbedingungen der Zeit. Er ist die eigentliche Realisierung des Status quo.

*

Was kann durch einen Weltkrieg entschieden werden? Nicht mehr, als dass das Christentum zu schwach war, ihn zu verhindern.

*

Das Christentum war zu schwach vor der Rache Jehovahs, seine Verheißung zu dürftig, sein Himmelreich eine so arme Entschädigung, dass die Menschheit sich für dieses Himmelreich im Voraus entschädigen zu müssen glaubte. Die Szene: Ein Freudenhaus, das ein Schlachthaus ist, und im Hintergrund die letzte Kapelle, in der ein einsamer Papst die Hände ringt. Es ist nur ein Bild. Am Monolog vorbei geht die Handlung weiter.

*

Paternoster heißt ein Lift. Bethlehem ist ein Ort in Amerika, wo sich die größte Munitionsfabrik befindet.

*

Die technische Entwicklung wird nur noch ein Problem übriglassen: die Hinfälligkeit der Menschennatur.

*

Das Gefühl des neudeutschen Menschen, dass er sich selbst keine höhere Bestimmung zuerkennen dürfe als die, eine Präzisionsuhr zu sein, hat eine Redensart gefunden, deren smarte Hässlichkeit durch ihre bündige Wahrheit versöhnt. Man spricht davon, irgendwo sei eine Gesellschaft versammelt gewesen, in der außer Künstlern und Bohemiens sogar Prinzen bemerkt wurden. Da setzt man denn, damit es nur sicher geglaubt werde, gleich hinzu: „richtiggehende Prinzen". Adel und Schönheit, Liebe und Kunst, Tag und Traum, Krieg und Friede, Zufall und Schicksal – alles geht richtig. Man muss den Menschen, wenn er einmal erzeugt ist, nur aufziehen, dann geht er schon von alleine richtig. Eine weitere Gebrauchsanweisung erübrigt sich ... Und da wundert man sich, dass im Instinkt der umgebenden Menschheit etwas gegen ein Verfahren rebelliert, das als patentierter Instinktersparer den Menschen so weit gebracht hat, pünktlich dort zu sein, wohin ihn Gott nicht bestellt hat, und pünktlich dort zu fehlen, wo Gott so lange vergebens wartet.

*

In einer gewissen Zivilisation muss es auch für die Seele so etwas wie einen Suppenwürfel geben, den sie nur ins heiße Wasser zu tun brauchen, um ein gleicher Art billiges wie bekömmliches Nahrungsmittel zu erzielen.

*

Am Ende war ein Wort. Wenn es vor dem die Ewigkeit nicht schaudert, dann ist dies das letzte Rätsel, welches ihr die Aufklärung gelassen hat. Das Wort heißt: Aufmachung. Der Geist, der kein Geheimnis ungeschoren und keinen Inhalt unfrisiert ließ, hatte auch seine Offenbarung. Er hat die geschaffene Welt noch einmal „geschafft" und sorgte für die entsprechende »Aufmachung«. Nun ist sie zugemacht.

*

Zwischen der Sprache und dem Krieg lässt sich etwa dieser Zusammenhang feststellen: dass jene Sprache, die am meisten zu Phrase und Vorrat erstarrt ist, auch den Hang und die Bereitschaft erklärt, das Wesen durch ein Surrogat des Tonfalls zu ersetzen, mit Überzeugung alles das an sich selbst untadelig zu finden, was dem andern nur zum Vorwurf gereicht, mit Entrüstung zu enthüllen, was man auch gern tut, jeden Zweifel in einem Satzdickicht zu fangen und jeden Verdacht, als ob nicht alles in Ordnung wäre, wie einen feindlichen Angriff mühelos abzuweisen. Das ist vorzüglich die Qualität einer Sprache, die heute jener Fertigware gleicht, welche an den Mann zu bringen den Lebensinhalt ihrer Sprecher ausmacht; sie glänzt wie ein Heiligenschein, und sie hat nur noch die selbstverständliche Seele des Biedermanns, der gar keine Zeit hatte, eine Schlechtigkeit zu begehen, weil sein Leben nur aufs Geschäft auf- und draufgeht und wenn's nicht gereicht hat, ein offenes Konto bleibt. Gewiss ist ein Wunder der Entwicklung geschehen. Wenn nur jetzt auch noch ein Festredner oder ein

Austauschprofessor oder sonst ein Apparat so aufrichtig wäre, sich das Wort entfahren zu lassen: „Deutsche Materie hat den Geist bezwungen!"

*

Für die Kultur eines Volkes dürfte die Anzahl der Zarathustra-Exemplare, die seine Soldaten im Tornister führen, schwerlich ein verlässlicher Maßstab sein. Eher schon der Umstand, dass den Soldaten mehr Zarathustra-Exemplare nachgerühmt werden, als im Felddienst tatsächlich zur Verwendung gelangen, und dass es jene hören wollen, die daheim ihren Zarathustra lesen und ihre Zeitung.

*

Die deutsche Bildung sollte nicht geleugnet werden. Nur muss man auch wissen, dass sie kein Inhalt ist, sondern ein Schmückedeinheim.

*

Ich kann beweisen, dass es doch das Volk der Dichter und Denker ist. Ich besitze einen Band Klosettpapier, der in Berlin verlegt ist und der auf jedem Blatt ein zur Situation passendes Zitat aus einem Klassiker enthält. Alles, was fälschlich gegen eine barbarische Kriegführung vorgebracht wird, richtet sich, dem Hasse unbewusst, gegen eine barbarische Friedensführung.

*

Gegen den Vorwurf, dass deutsche Soldaten Kindern die Füße abhacken, berufen sich deutsche Journalisten darauf, dass dieses Volk Luther, Beethoven und Kant hervorgebracht habe. Aber daran ist es mindestens so

unschuldig wie an den ihm zugeschriebenen Gräuelta-
ten, und es wäre wirksamer, sich gegen solche Anschul-
digungen auf die Geister zu berufen, die Deutschland
noch künftig hervorbringen will. Wenn wir so weit halten, dass das Vaterland von seinen Genies keine anderen Dienste verlangt als von seinen Holzknechten, und
wenn jene durch einen tödlichen Zufall der Gelegenheit überhoben werden können, ihm freiwillig andere
zu leisten, dann entsteht wohl auch keines mehr. Die
Geistestaten der Luther, Beethoven und Kant haben
trotz allem, was die deutsche Bildung davon weiß und
die deutsche Ideologie hineinbezieht, keine Verbindung mit einem Zustand, aus dem jene ad personam
heute, vielleicht, nur durch den priesterlichen Beruf,
durch Taubheit und durch eine Rückgratverkrüm-
mung befreit wären.

∗

Die Pickelhaube ist gebildeter als der Kosak; aber er
lebt nicht so weit von Dostojewski wie sie von Goethe.
Die Deutschen nennen sich auch das Volk Schopen-
hauers, während Schopenhauer so bescheiden war, sich
nicht für den Denker der Deutschen zu halten.

∗

Die Blutbereitschaft des Blutes ist groß oder traurig.
Schauerlich ist die Blutbereitschaft des Wortes. Welch
ein Fetzen kann doch die Sprache sein, dass sie sich so
dem urverlebtesten Inhalt hingibt, so dem niedrigsten
Willen, sich neben die höchste Tat zu stellen, erliegt
und dem Schleim einen Reim findet, dass er von Wei-

tem aussieht wie Erz. Blaustrümpfe, die sich nicht einmal selbst befriedigen, Hysteriker, die im Frieden nicht
selbstständig onanieren konnten, Lebemänner, die vor
der Assentierung zittern, Mummelgreise, die sie nicht
mehr zu fürchten haben, sind mit Kriegsgedichten her-
vorgetreten. Das Unvorstellbare, vor dem der Gedanke
eben noch Kraft hat, in das Schweigen zu flüchten, hat
die Mittelmäßigkeit beredt gemacht und den Dilettan-
tismus geschwätzig. Wie viel Raum auch eine große Zeit
haben mag, unmöglich wäre es, wenn die Sprache nicht
zur Zeitgenossin herabgesunken wäre. Unmöglich
wäre, dass im Granatenhagel die Stimme eines kleinen
Judenmädels gehört werden will, das die Armee mit
„Ihr, meine Treu'n" und „Schließt eure Reih'n« apostro-
phiert; unmöglich, dass Librettisten sich in die Begeisterung einlassen und aus einer Affäre, bei der an einem
Tage vierzigtausend Menschenleiber an Drahtverhauen
zucken, etwas für ihr elendes Geschäft herausfischen!
Was geht nur in all den unfallsichern Menschenleibern
vor, dass sie eben das, was in ihnen nicht vorgeht, nie
vorgehen könnte und ihrem Gefühl völlig unerreichbar
bleibt, so als ihr Mitgemachtes verbaliter zu begleiten
sich nicht scheuen? Welche Wundermacht neben dem
Ereignis, das zu schwach war, zum schweigenden Mitleid zu überreden, ist da wirksam? Einer, der einmal von
sich behauptet hat, er „liebe die hektischen schlanken
Narzissen mit blutrotem Mund, er liebe die Qualen-
gedanken, die Herzen zerstochen und wund", wünscht
jetzt ganz andere Verwundungen und ist der Dichter

der Parole: „Die Russen und die Serben, die hauen wir zu Scherben!" Ist er gesund geworden, ist er erstarkt oder war eins so gefühlt wie das andere? Ist es möglich, dass Handwerker des Wortes, die ihr Leben lang gewohnt waren, die Kundschaft mit dekadenten Stimmungen oder auch Walzerträumen oder was sonst die Künste des Friedens bieten, zu bedienen, ist es möglich, dass sie nicht vor der Zumutung, ab 1. August 1914 das Ungeheuerliche zu fassonieren, verlegen werden; vor dem Wunsch, Millionen Menschen auf einmal vernichtet zu sehen, nicht lieber Reißaus nehmen, als draus ein Couplet zu machen; ihre Harmlosigkeit so verleugnen und so bewähren, und sich nicht eher selbst aus dem Leben bringen als den Tod in Reime?

*

An der Erfindung des Schießpulvers und an der Erfindung der Druckerschwärze müsste man vor allem die Bedeutung zugeben, die ihre Gleichzeitigkeit für die Menschheit hat.

*

Drei Internationalen: die katholische, die sozialistische und die journalistische. Sie sind durch den Weltkrieg in nationale Gruppen gespalten. Der Einfluss, den die katholisch-nationale Gruppe auf die Volksgenossen zu nehmen versucht, wird allzu deutlich als Widerspruch zum Wesen empfunden und kann deshalb zur Stärkung des nationalen Hasses nicht viel beitragen. Die sozialnationale Gruppe verzichtet zumeist auf solchen Einfluss, da sie ihn selbst als Widerspruch zum Programm empfindet, dem weder die Förderung des Staatsinteresses angemessen noch die Übertreibung des nationalen Moments erlaubt ist. Nur der Einfluss, den die pressnationale Gruppe jeweils verübt, ist andauernd und mächtig. Denn hier wird die nationale Gemeinheit nirgends als Widerspruch zum internationalen Wesen empfunden. Über allen Schlachtfeldern könnte noch heute die Einheit eines Zeitungskongresses walten, auf den Individuen, die immer noch mehr Standesgenossen als Volksgenossen sind, mit dem Weltbrandmal auf der Stirn, Beschlüsse fassen, etwa wie sie einander am wirksamsten der Lüge bezichtigen könnten.

*

Wie wird die Welt regiert und in den Krieg geführt? Diplomaten belügen Journalisten und glauben es, wenn sie's lesen.

Eine Kultur ist dann fertig, wenn sie ihre Phrasen noch in einen Zustand mitschleppt, wo sie deren Inhalt schon erlebt. Das ist dann der sichere Beweis dafür, dass sie ihn nicht erlebt. Nicht dass in den Tagen der Schlacht bei Lemberg der jubilierende Besitzer eines fünfzigjährigen Börsenblattes dicht neben der Weltgeschichte, nein, vor ihr, als „Generalstabschef des Geistes" beglückwünscht wird oder seinem »Stab« nachgerühmt, dass er die „Fahne hochhalte". Hier misst sich der Geist, der die Phrase hat, mit der ihm fernen Sphäre, aus deren Leben er sie bezogen hat, frech genug, da diese Sphäre in nächster räumlicher Nähe eben lebendig wird. Aber man würde denken, dass sie selbst noch dieses Leben hat und in ihr selbst der unmittelbar erlebte Inhalt sich nie anders als im unmittelbar geschöpften Wort aussprechen könnte; dass ihr Phrasen gar nicht einfallen möchten, deren Inhalt ihr nicht nur eingeboren ist, sondern den sie aufs Neue erlebt, und dass sie Redensarten verschmähen müsste, die so lange schon als die ausgespuckten Schalen eines ganz andersgearteten Appetits in der Welt herumliegen. Man würde doch nicht denken, dass der Krieger eben die Umschreibungen noch gebrauchen könnte, die der Bürger für seine täglichen Verrichtungen und Verfehlungen, nein, der Tagdieb als die Verzierung seiner journalistischen Niedrigkeiten aus der kriegerischen Sphäre erbeutet hat. Sonderbar genug, dass just die Untauglichen sich immer freiwillig in der kriegerischen Sprache betätigt haben. Eben weil ein Regiment seine Fahne hochhält, so sollte es solches im Gegensatz zu einer Redaktion, die ja mit nichts dergleichen zu schaffen hätte, wenn der Bürstenabzug nicht auch »Fahne« hieße, und die ihrem Handwerk den gloriosen Nebensinn errafft hat, nicht mehr öffentlich zugeben, und zu allerletzt durch die Vermittlung einer Redaktion. Denn wenngleich es im Nahkampf ja fast wieder die Sache selbst ist, wirkt es doch nur als eine Umschreibung für Beharrlichkeit und ähnliche Eigenschaften, die sich in einem langen Frieden ganz andere Berufe angeeignet haben. Es würde also höchstens zu sagen sein, dass die Fahne, die ja selbst ein Ornament ist und in der Auseinandersetzung technischer Gewalten schon beinahe das Aussehen einer Phrase hat, gehalten, nicht dass

sie hochgehalten wurde. Wenn man aber gar in einer
Aktion, bei der die Erhaltung der Fahne nicht in Frage
kam, Beharrlichkeit gezeigt hat, würde man da gut tun,
davon zu sprechen, man habe sie hochgehalten? Würde
der Krieger da nicht eines rauen Eingriffs in den Sprachschatz des Kriegsberichterstatters sich schuldig machen,
der ja ehedem sein eigener Besitzstand war, aber durch
Verjährung schon dem Feind gehört wie nur irgendein
Elsass-Lothringen? Und kann von einem gesagt werden,
er habe sich im Schützengraben seine Sporen verdient?
Soll dies selbst von einem Reiter gesagt werden, auch
wenn er noch ein Pferd hat und nicht im Schützengraben seine Sporen verdienen muss? Und kann in einer
Seeschlacht das Leben in die Schanze geschlagen werden? Oder darf von dem Plan der Umzingelung einer
Landarmee gesagt werden, er habe kläglich Schiffbruch
gelitten? Darf dies selbst von der Operation einer Flotte
gesagt werden, da es doch nur von einem Schiff gesagt
werden kann, und auch dieses dann noch dem Verdacht
ausgesetzt wäre, es sei ein Bankdirektor? Aber wenn ein
Krieger von einem Schiffbruch spricht, den er nicht erleiden könnte, so könnte er auch von einem Bankerott
sprechen, den er erleidet. Eine Marineaktion in Fluss
bringen kann gefährlich sein. Und soll eine Armee dem
Feind ihre Überlegenheit »schlagend« zum Bewusstsein
bringen? Eben nur schlagend; aber wenn sie's sagte, so
wäre sie ein Advokat. Oder kann ein Soldat behaupten,
der Vorgesetzte sei so beliebt, dass die Truppe „für ihn
durchs Feuer gehen würde«, da sie's doch ohnedies tun

muss? Und darf der Erfolg dank unserer jetzigen Stellung bombensicher genannt werden? Wenn die Stellung selbst so genannt würde, wäre es noch eine Phrase, die gar nicht daran denkt, dass die Stellung wirklich bombensicher sein muss. Wie können Militärkritiker davon sprechen, dass die Beschießung des Platzes ein Bombenerfolg war, da sie doch nicht Theaterkritiker sind? Oder: „In London macht die Torpedierung der ‚Lusitania‘ tiefen Eindruck." Das ist noch menschlich. Weiter: „Auch an der New Yorker Börse herrscht große Aufregung, alle Kurse fielen." Weil die Menschen sanken, das ist ein Begleitumstand. Aber: „In Washington schlug die Nachricht wie eine Bombe ein." Hier sind die Seelen torpediert. Und zwischen Kriegsberichten wird »Der Kampf gegen die Zensur« erörtert, »Der Feldzug gegen die Anleihe« und gar »Der Krieg gegen die Wehrpflicht«. Nun, Journalisten, Händler und Friedensfreunde haben ihr Leben lang wie Soldaten gesprochen. Sie mögen dabei bleiben, wenn sie über Soldaten sprechen. Jedoch Soldaten müssten anders sprechen: nicht wie Journalisten, die wie Soldaten sprechen, sondern wie Soldaten sprechen. Die Trennung ist aber wohl nicht mehr durchführbar. Eben weil der »Generalstabschef des Geistes" auch einen „Stab" hat, so besteht Gefahr, dass der Generalstabschef einen Redaktionsstab hat, und wenn Krämer sich aufs hohe Ross schwingen, so mögen Krieger sich nachrühmen lassen, dass sie »einen Volltreffer auf ihr Konto buchen konnten". Kommis, die die deutsche Sprache evakuiert haben, gebärden sich als Kommandanten, und verbündete Armeen müssen es sich gefallen lassen, als „Gesellschafter mit unbeschränkter Haftung« angeredet zu werden. Das kommt davon, dass die Menschheit ihre Exportfragen mit Stinkbomben in Ordnung bringen will. Sollte solch ein Krieg am Ende doch nicht die moralische Kraft haben, die Menschheit zu den Dingen und zu den Worten zurückzuführen und die Zwischenhändler mühelos abzuweisen? Wenn wir die Tat erlebten, wäre der Schorf der Sprache von selbst abgefallen, der Dreck der Gesinnung erstarrt. Neulich las ich, „die Nachricht von dem Brand in Hietzing habe sich wie ein Lauffeuer verbreitet". So die Nachricht vom Weltbrand. Die Welt brennt, weil Papier brennt. Wie konnte man auch solche Materie im Hause lassen!

Was ist denn das für ein mythologischer Wirrwarr? Seit wann ist denn Mars der Gott des Handels und Merkur der Gott des Krieges?

*

Ist es nicht Unzucht? Eben die Welt, deren höchstes Lob »gediegen« oder »leistungsfähig« war, darf jetzt »wacker« und »brav« sagen.

Es ist ein Triumph der Sprache über die Sieger, dass sie, ob sie wollen oder nicht, jetzt so oft den Plural „Schilder" anwenden, und ein Triumph der Kaufleute über die Sprache, dass sie im kommenden Frieden nur noch „Schilde" über ihren Geschäften haben werden. Und es ist nicht einmal eine Verwechslung dieser Worte, da doch der Krieg auf einer Verwechslung dieser Dinge beruht. In der gepanzerten Kommerzwelt, die täglich

Blutbilanz macht, tauschen der Schild und das Schild so oft ihre Rollen wie das Verdienst und der Verdienst. Es geht umso leichter, als Berufe, die ihr Lebtag einen Verdienst und ein Schild hatten, jetzt ohne Übergang einen Schild und ein Verdienst haben.

∗

Einer meldete: „Das Kommando wird prompt ausgeführt.« Er wollte sagen: Die Schlacht wird prompt geliefert.

∗

Sollte die Technik am Ende nicht imstande sein, neue Embleme herzustellen? Bleibt sie angewiesen, sie von den alten Idealen zu beziehen und auf die neue Sache aufzumontieren?

∗

Diese Zeit stellt noch immer eine sichere Information vor einen ungewissen Heldentod. Darum hat sich die Zeitung, die wie keine andere der Zeit Sprache spricht, so ausgedrückt: »Bevorstehender Heldentod der deutschen Soldaten in China."

Dass der „Heldentod" einmal eine Zeitungsrubrik werden könnte, hat sich keiner jener Helden träumen lassen, deren Andenken auf die mündliche Überlieferung, wenn's gut ging, auf ein Epos angewiesen war. Unsere Zeit erhebt zu dem neuen Inhalt auch noch auf die alten Embleme Anspruch. „Maschinenrisiko" wäre ihr zu farblos. Und dennoch träte hier wenigstens der individuelle Anteil am allgemeinen Schicksal immer wieder hervor, aus Rubrik und Mechanik immer wieder vor unser Gefühl. Kein Tod aber verträgt die Klischierung weniger als der Heldentod, weil er in sich der Vorstellung einer epidemischen Häufigkeit widerstrebt. Wie hässlich, dass der Lorbeer dort jetzt wachsen soll, wo die Reklame wuchert! Der Heldentod, und sei er nur der Zufall eines Schrapnells, der für die Angehörigen schmerzlich ist, sei er nur Tod schlechthin, wird er nicht entweiht durch jenes Register, in dem früher ebenso häufig die Verleihung des kaiserlichen Rats geführt wurde? Und ist die Duldung solcher Dinge nicht auch ein Zeichen der großen Zeit wie ihre Übung? Wäre nicht hier ein weißer Fleck der Leichenstein, vor dem der Leser den Hut zu ziehen hätte?

*

Gewiss, die Entwicklung der Waffe konnte unmöglich hinter den technischen Errungenschaften der Neuzeit zurückbleiben. Nur die Fantasie der Menschheit musste hinter ihnen zurückbleiben. »Führt man denn mit Fantasie Kriege?« Nein, denn wenn man sie noch hätte, würde man es nicht tun. Denn dann hätte man die Maschine nicht. Denn dann wüsste man, dass der Mensch, der die Maschine erfand, von ihr überwältigt wird und dass es Sünde ist, das Leben dem Zufall auszusetzen und den Tod zum Zufall zu erniedrigen.

*

„Bleiben Sie denn unbewegt vor den vielen, die jetzt sterben?" „Ich beweine die Überlebenden und ihrer sind mehr."

*

„Es handelt sich in diesem Krieg –„ „Jawohl, es handelt sich in diesem Krieg!"

*

Ich begreife, dass einer Baumwolle für sein Leben opfert. Aber umgekehrt?

*

Die Völker, die noch den Fetisch anbeten, werden nie so tief sinken, in der Ware eine Seele zu vermuten.

*

Es gibt verschiedene Kulturen. Die eine lebt im Lebensmittel. Die andere verbindet den Geist mit dem Lebensmittel. Die dritte trennt den Geist vom Lebensmittel. Die vierte lebt im Geist – aber nicht in Europa. Es gibt Gegenden, wo man wenigstens die Ideale in Ruhe lässt, wenn der Export in Gefahr ist, und wo man so ehrlich vom Geschäft spricht, dass man es nicht Vaterland nennen würde und vorsichtshalber gleich darauf verzichtet, in seiner Sprache ein Wort für dieses zu haben. Solches Volk nennen wir Idealisten des Exports eine »Geschäftsnation«.

*

Der Anspruch auf einen Platz an der Sonne ist bekannt. Weniger bekannt ist, dass sie untergeht, sobald er errungen ist.

*

Ich liebe die Lebensbedingungen des Auslandes nicht. Ich bin nur öfter hingegangen, um die deutsche Sprache nicht zu verlernen.

*

»Ach, 's ist ja zum Schießen!« hörte ich einen Drei-
jährigen sagen, einen, der drei Jahre erst gelebt, nicht
gedient hatte. Irgendwo wird das Kind als Fertigware
geboren. Aus dem Mutterleib springend, überspringt
es die vielen Empfindungswelten, durch die das Wort
sich erst entwickeln musste, ehe es Redensart sein
durfte.

*

„Wir haben die feindlichen Vorstellungen genommen."
Aber die eigenen auch. Welch tiefer Sinn, dass dieses
Wort jetzt nur noch den einen Sinn hat! Schopenhauer
hätte über die »Welt als Wille zur Macht und als feind-
liche Vorstellung" nachgedacht. Nietzsche hätte den
»Willen zur Macht« wegen falscher Vorstellung mit
dem Ausdruck des Bedauerns zurückgezogen.

*

(Kindermund.) „Der Papa hat gestern gesagt: Ans Vaterland ans teure schließ dich an. Ist denn das Vaterland jetzt auch teurer geworden?"

*

Was ist denn das mit den Fremdwörtern? Man vergesse
doch nicht, dass sie so ziemlich die einzigen deutschen
Wörter sind, die dieser »aufgemachte« und dem Ver-
kehrsbedürfnis der Kundschaft adaptierte Jargon noch
hat.

*

Im Sagenkreis des Deutschtums wird dereinst ein
großes Durcheinander entstehen zwischen Kyffhäuser
und Kaufhäuser.

Welch ein Aufgebot von Bildung! Verleger haben das Eiserne Kreuz, Soldaten schreiben Feuilletons und Feldherrn sind Doktoren.

*

In der deutschen Bildung nimmt den ersten Platz die Bescheidwissenschaft ein.

*

Aus den Äußerungen der deutschen Dichter habe ich entnommen, dass sie nichts zu sagen haben, und mir mit der Erwartung geschmeichelt, dass sie mein Schweigen anders deuten würden.

*

Die deutschen Dichter haben das Talent, nicht den Mund halten zu können.

*

Ein deutscher Dichter hat das Geräusch der Maschinengewehre »Sphärenmusik« genannt, und ein österreichischer hat beobachtet, wie „jeder Halm stramm steht". Wenn die Dichter so parieren, werden der Kosmos und die Natur zu meutern beginnen.

*

Ich habe zu den Mysterien des Dichters D. nie so rechtes Zutrauen gehabt. Dem Lyriker L., diesem Genie der Klarheit, imponierten sie mächtig. Mir waren sie der Nebel, der über den Wassern liegt, aber ohne nachfolgende Schöpfung. Mir waren sie der Dampf, der zu Zeiten aus der Lebensversicherung aufsteigt. D. muss dieses Misstrauen schließlich geteilt haben. L., dieses Genie der Klarheit, das auf stofflich greifbarstem Erdengrund alle Tiefe und Höhe durchlebt hat und noch im Waffenrock ein Schöpfer war, schien ihm unerreichbar. Da kam denn der Krieg, da ging er denn hin, und zog auch den Waffenrock an. Er ließ sich, damit kein Zweifel sei, darin fotografieren. Er rief: „Hurra, ich darf mit!" und schrieb ein Abschiedsfeuilleton an seine Kinder. Er ward Leutnant. Er nannte das Geräusch der Maschinengewehre Sphärenmusik. Um aber dem Erlebnis Farbe abzugewinnen, wie sein Vorgesetzter in der Lyrik, der Hauptmann L., war er um 45 Jahre zu spät in den Krieg gezogen. Es war doch anders, als man sich's vorgestellt hatte. Man hat ein Eisernes Kreuz. Schließlich geht's vom Feld in die Kanzlei, wo die Mysterien, ich sag's ja, immer noch am besten aufgehoben waren.

*

Die deutschen Lyriker sind versatile Leute.

*

Unsere Literatur hat einen belebenden Impuls empfangen? Sie hätte lieber Ohrfeigen empfangen sollen. Wie, die Schöpfungen unserer Dichter haben etwas von dem Feueratem übernommen, mit dem diese Zeit über den Alltag hinweggefegt ist oder so? Zwischen dem Feueratem und dem Alltag hat sich sofort eine Gemeinsamkeit ergeben, die Phrase, die unsere Dichter, anschmiegsam wie sie sind, sofort übernommen haben. Sie sind pünktlicher und schneller eingeschnappt, als es die verblüffte Kundschaft verlangt hätte. Ihre Schöpfungen als einen Beweis für die Größe der Zeit offerieren, hieße Optimismus bereits mit Frozzelei verwechseln.

Ich mache immerhin noch den Unterschied mehrerer
sittlichen Grade zwischen Bürgern, die die Notwendigkeit aus dem Büro in den Schützengraben treibt, und
Tagdieben, die daheim mit dem Entsetzen Ärgeres treiben als Spott, nämlich Leitartikel oder Reime, indem sie
eine Gebärde aus zweiter Hand, die schon in der ersten
falsch war, und einen Feueratem aus dem Mund der
Allgemeinheit zu einer schnöden Wirksamkeit verar-
beiten. Ich habe in diesen Schöpfungen keine Zeile gefunden, von der ich mich nicht schon in Friedenszeiten
mit einem Gesichtsausdruck abgewandt hätte, der mehr
auf Brechreiz als auf das Gefühl einer Offenbarung
schließen ließ. Die einzige würdige Zeile, die in dieser
ganzen großen Zeit gedruckt wurde, stand im Manifest
des Kaisers und war an den Anschlagsäulen so lange zu
lesen, bis sie vom Gesicht des Wolf aus Gersthof ver-
deckt wurde, des wahren Tyrtäus dieses Kriegs!

*

Die Sprache seelischer Zerrüttung, die die Aufschriften
über Meldungen aus Feindesland seit Jahr und Tag
führen – Besorgnisse im Vierverband, Entmutigung
in Frankreich, Beklemmungen in Russland, Zerknir-
schung in England, Reue in Belgien, Enttäuschung in
Italien, Demoralisation in Serbien, Verzweiflung in
Montenegro, Misstrauen in Frankreich gegen Russland,
Verstimmung von Russland über England, Zweifel in
London, Paris, Rom und Petersburg –, hat kürzlich
für die Mitteilung, dass ein Heerführer von Neuem
erhebliche Verstärkungen »erbat«, den Titel gefunden:

»Die Engländer erbeten neue Verstärkungen für die Dardanellen.« Den Feinden ist in all dem Elend, in das sie ihr Deutschenhass gestürzt hat, nur der eine Trost geblieben, dass ihre Besieger nicht Deutsch können.

*

„Infolge der kriegerischen Ereignisse müssen wir zu unserem Bedauern vorläufig den Umfang der Hefte einschränken, wir werden jedoch bestrebt sein, nach Eintritt normaler Verhältnisse unseren Abonnenten durch Ausgabe stärkerer Hefte Ersatz zu bieten.« So verspricht die »Österreichische Rundschau«. Man sieht, es gibt Verhältnisse, die den eingefleischtesten Friedensfreund über den Wert des Krieges vorurteilsfreier denken lassen könnten.

*

„Es wird weiter gedroschen." Nein, so grausam sind wir nicht. Immer noch mehr Phrasen als Menschen!

*

Die falschesten Argumente können einen richtigen Hass beweisen.

*

Die Wurzel des innereuropäischen Übels ist, dass sich das Lebensmittel über den Lebenszweck erhob und dass der Händler, anstatt wie es sich gebührte, ein Leibeigener zu sein, der Herr des Geistes wurde.

*

Jeder Staat führt den Krieg gegen die eigene Kultur. Anstatt Krieg gegen die eigene Unkultur zu führen.

*

Vae victoribus!

*

Was zugunsten des Staates begonnen wird, geht oft zu ungunsten der Welt aus.

*

Das Übel wirkt über den Krieg hinaus und durch ihn; es mästet sich am Opfer.

*

Im Krieg gesundet die Menschheit? Wenn sie nicht den Krieg ansteckt!

*

Wohl ist der Krieg besser als der Friede. Aber der Friede dauert länger.

*

Das Übel gedeiht nie besser, als wenn ein Ideal davorsteht.

*

Wie, noch mehr Wucher? Ja, sind denn die Zurückbleibenden der Landsturm der Selbsterhaltung?

*

Es ist schön, für eine Idee zu sterben. Wenn's nicht eben die Idee ist, von der man lebt und an der man stirbt.

*

Die Macht hat zur Durchsetzung ihrer Idee jene Organisation geschaffen, zu der die Idee ausschließlich fähig war.

*

Wenn nur nicht ein Volk, das sich den Militarismus anschaffen muss, um mit dem Militarismus fertig zu werden, statt mit diesem mit sich selbst fertig wird!

Die Kraft, das technische Leben zu überdauern, wächst nicht in den Reichen des Christentums.

Der Kampf bis aufs Brotmesser ist eine logische Notwendigkeit, die nur noch ein Überflüssiges mitschleppt: das Blut, mit dem die Fakturen geschrieben werden.

*

Welcher Weg der deutschen Seele von der Schwärmerei zur Klarheit – von der Jean Paul'schen Entrückung in einer Montgolfiere bis zu dem gelungenen Witz, der eine Bombe aus einem Zeppelin begleitet!

*

Deutsche Sätze wie die fünf Seiten bei Jean Paul, in denen der Aufstieg in einer Montgolfiere beschrieben wird, können heute nicht mehr zustande kommen, weil der Gast der Lüfte nicht mehr die Ehrfurcht vor dem näheren Himmel mitbringt und bewahrt, sondern als Einbrecher der Luft die sichere Entfernung von der Erde zu einem gleichzeitigen Attentat auf diese selbst benützt. Der Aufstieg des Luftballs war eine Andacht, der Aufstieg des Luftschiffs ist eine Gefahr für jene, die ihn nicht mitmachen. Weil die Luft „erobert" ist, wird die Erde bombardiert. Es ist von allen Schanden dieser Erde die größte, dass jene einzige Erfindung, die die Menschheit den Sternen näher bringt, ausschließlich dazu gedient hat, ihre irdische Erbärmlichkeit, als hätte sie unten nicht genügend Spielraum, noch in den Lüften zu entfalten! Und selbst hier noch ein sittlicher Rangunterschied: zwischen dem Mut, der jene grauenvolle Sicherheit, statt eines Arsenals ein Schlafzimmer zu treffen, bestialisch betätigt, immer von Neuem vergessend, was es bedeute, und dem Fleiß, der mit der Bombe noch einen Witz hinunterschickt und gar den eines »Weihnachtsgrußes«. Selbst da wieder die gräuliche Vermischung des Gebrauchsgegenstandes, nämlich der Bombe, mit dem Gemütsleben, nämlich dem Scherz oder Gruß: der Gräuel größtes, jene äußerste Unzucht, durch die sich ein im Reglement verarmtes Leben auffrischt, die organische Entschädigung für Zucht und Sitte, der Humor des Henkers, die letzte Freiheit einer Moral, die die Liebe auf den Gerichtstisch gelegt hat!

*

Held ist einer, der gegen viele steht. Diese Position erringt im neuen Krieg am ehesten der Luftbombenwerfer, einer, der sogar über vielen steht.

*

Es gibt ein militärisches Witzblatt, das der großen Zeit umso leichter nachgekommen ist, als sich die große Zeit bemüht hat, dem militärischen Witzblatt nachzugeraten.

*

Gleichwohl wird sich der Heimkehrende nicht leicht in das zivile Leben wieder einreihen lassen. Vielmehr glaube ich: Er wird in das Hinterland einbrechen und dort den Krieg erst beginnen. Er wird die Erfolge, die ihm versagt werden, an sich reißen, und der Krieg wird ein Kinderspiel gewesen sein gegen den Frieden, der da ausbrechen wird. Vor der Offensive, die dann bevorsteht, bewahre uns Gott! Eine furchtbare Aktivität, durch kein Kommando mehr gebändigt, wird in allen

Lebenslagen nach der Waffe und nach dem Genuss greifen, und es wird mehr Tod und Krankheit in die Welt kommen, als der Krieg je ihr zugemutet hat.

*

In Deutschland steht die Kunst „im Dienste des Kaufmanns". Noch nie dürfte einem Dienstboten mit weni ger Wahrheit nachgerühmt worden sein, dass er gesund entlassen wurde.

*

Derselbe Mischmasch einer Kultur, die aus Absatzgebieten Schlachtfelder macht und umgekehrt, baut aus Stearinkerzen Tempel und stellt „die Kunst in den Dienst des Kaufmanns".

Wenn die Industrie Künstler beschäftigt, so kann sie auch Krüppel liefern.

Das Kriegsmittel sei vom Material bezogen. Wenn zwei Konsumvereine sich streiten, so ist der der sittlich höher stehende Konsumverein, der nicht die Vereinsmitglieder selbst, sondern eine von ihnen gemietete Polizei raufen lässt, und er handelt am sittlichsten, wenn er sich gar mit der Kundenabtreibung begnügt. Die einen wollen den Export und sagen, es handle sich um ein Ideal; die andern sagen, es handle sich um den Export, und diese Offenheit ermöglicht schon das Ideal. Und sie könnten es den andern zurückerobern, indem sie sie von der kulturwidrigen Gewohnheit befreien, es als „Aufmachung" für ihre Fertigware zu verwenden. Denn Spediteure haben nicht ideale Güter als Draufgabe zu verfrachten.

*

Wenn Buchhalter Kriege führen, sollten sie auch die Chancen berechnen.

*

Wie einer lügt, kann manchmal wertvoller sein, als dass ein anderer die Wahrheit sagt.

*

Die Lügen des Auslands, vorausgesetzt dass nicht auch sie made in Germany sind, enthalten noch immer mehr Lebenssaft als eine Wahrheit des Wolff'schen Büros. Denn bei jenen kann man die Lüge, die einem Naturell entspringt, von der Wahrheit, die einer Einsicht entspringt, noch unterscheiden; anderwärts sagen sie selbst die Wahrheit wie gedruckt, und alles entspringt dem Papier.

*

Es gibt Künstler der Lüge, und es gibt Ingenieure der Lüge. Jene wirken gefährlich auf die Fantasie; diese haben sie schon vorher aufgebraucht.
Die Lüge im Krieg ist entweder ein Rausch oder eine Wissenschaft. Diese schadet dem Organismus mehr.

*

Die deutsche Sprache ist die tiefste, die deutsche Rede die seichteste.

*

Ich weiß um die Entfernung des heiligen Geistes von den Sitten der Wilden. Ein Analphabet in Timbuktu nämlich dürfte dem Geist seiner Sprache erheblich näherstehen als ein Literaturprofessor in Dresden dem Geist der seinen. Mithin dürfte ein Analphabet

in Timbuktu auch dem Geist der deutschen Sprache
näherstehen.

*

Der Franzose hat sich von seiner Oberfläche noch immer
nicht so weit entfernt wie der Deutsche von seiner Tiefe.

*

Ein rechter Krieg wäre erst, wenn nur die, die nicht
taugen, in ihn geschickt würden.

*

Der Österreicher lässt sich aus jeder Verfassung bringen, nur nicht aus der Gemütsverfassung.
Darin ist Ordnung: Die Schlamperei ist geblieben.
Darin ist Pünktlichkeit: die Schlamperei beruft sich auf
den Weltbrand.

*

Es ist in alten Mären, auf welche die Nibelungentreue
zurückzuführen ist, der Wunder viel geseit. Aber was
sind diese gegen die wunderbaren, märchenhaften Verbindungen und Kontraste der blutlebendigen Gegenwart? Denn: Noch nicht einmal telefonieren können
und nichts als telefonieren können – das mag wohl
zwei Welten ergeben; aber lässt es eigentlich ihre seelische Verbindung zu, da kaum eine telefonische zustande kommen könnte? Lassen sich zwei Wesen Schulter
an Schulter denken, deren eines die Unordnung zum
Lebensinhalt hat und nur aus Schlamperei noch nicht
zu bestehen aufgehört hat, und deren anderes in nichts
und durch nichts besteht als durch Ordnung?

*

Wir hier müssen erst das werden, was wir nicht sein sollen.

*

Der kriegerische Zustand scheint den geistigen auf das Niveau der Kinderstube herabzudrücken. Nicht allein, dass jeder recht und der andere angefangen hat. Nicht nur, dass jeder sich eben das als Einsicht und Ehre einräumt, was des andern Unbill und Schande ist, dem andern die Untat vorwirft, die er selbst begeht, das Unglück vorhält, das er selbst erleidet, und dass noch die grellste Anschaulichkeit solcher Kontraste, die in zwei benachbarten Zeitungsspalten zusammenstoßen, ihnen nichts von ihrer Unbefangenheit nehmen kann und immerzu der, dessen Kartoffeln nur dreimal so teuer wurden, den andern, dem sie um zwanzig Prozent hinaufgegangen sind, für ruiniert halten wird. Nicht nur, dass keiner von ihnen unter allen möglichen Schlüssen, mit denen man eine verfehlte Sache beenden kann, auch nur den Vernunftschluss wählt, der eigene Sieg müsse längst besiegelt sein, wenn nur der hundertste Teil dessen wahr ist, was der Tag an feindlichen Verlusten von Macht und Ehre bringt. Nein, jeder ist auch der Meinung, dass der „Wille zum Sieg" diesen verbürge und dass nur er allein diesen Willen zum Sieg habe, während der andere, offenbar von dem nicht minder entschlossenen Willen zur Niederlage getrieben, mit knapper Not und mit Anspannung aller Kräfte vielleicht diese erreichen kann, aber beileibe nicht den Sieg, auf den er es ja auch gar nicht abgesehen hat, es wäre denn, dass wider Erwarten der am Ende doch allen gemeinsame Wille zum Sieg allen eben diesen verbürgte. Dabei ahnt aber die verfolgende Unschuld nicht, dass tatsächlich der Wille zur Niederlage eine Triebkraft sein könnte, die einen wahren Feldherrn der Kultur zum Triumph der Demut über den expansiven Ungeist führt, und dass jene Sprache gewinnen würde, in deren Verkehrsbereich sich der Zusammensturz des weltbeherrschenden Unwerts endlich vollzieht, damit auch dieser Krieg den Sinn eines Krieges habe. Wenn aber die Sprachen so weit halten, dass dieselbe Rede die Wahrheit des einen und die Wahrheit des andern ist, so lügt nicht einer, sondern beide, und über alle triumphiert wie eh und je der Unwert.

*

Es gibt politische Überzeugungen, deren Anhänger lieber gegen sie als für sie sterben.

*

Nie sollte der Bürger das Gefühl haben, dass das Vaterland ein Gut- und Blutegel sei!
Diplomatie ist ein Schachspiel, bei dem die Völker matt gesetzt werden.

*

Der Krieg wäre ja ein leidliches Strafgericht, wenn er nicht die Fortsetzung des Deliktes wäre.
Der militärische Typus ist der brauchbarste aller im Frieden vorrätigen Typen der Bürgerlichkeit. Dienst ist die Schranke der zügellosen Unbedeutung. Es ist Pflichterfüllung um ihrer selbst willen. Zucht ist der Anstand der

Mittelmäßigkeit. Selbst der Jobber, der einmal dienen muss, statt zu gebieten, kommt mit einem bessern, weniger störenden, weniger individuellen, fettloseren Gesicht zurück. Dies ist kein Lob des Krieges, sondern beileibe nur der Strapaz. Der Tod hebt den erreichten Gewinn wieder auf. Nicht dass die Jobber stürben, bewahre! Die Jobber sterben nicht. Aber ich denke, dass der angemaßte Todesglanz den Wert der Turnübung wettmacht. Das Heldentum der Unbefugten ist die traurigste Aussicht dieses Krieges. Es wird dereinst der Hintergrund sein, auf dem sich die vermehrte und unveränderte Niedrigkeit noch malerischer und vorteilhafter abhebt.

⁕

Die Entwicklung der Technik ist bei der Wehrlosigkeit vor der Technik angelangt.

⁕

Nie war eine riesenhaftere Winzigkeit das Format der Welt. Die Tat hat nur das Ausmaß des Berichts, der mit nachkeuchender Deutlichkeit sie zu erreichen sucht.

⁕

La bourse est la vie.

⁕

Die Feldpost bewährt sich. Sie hat schon jetzt die seelische Verbindung zwischen den Taten und dem Hinterland überlebt.

⁕

Nichts hat sich geändert, höchstens, dass man es nicht sagen darf.

⁕

Jetzt sprechen hat entweder zur Voraussetzung, dass man keinen Kopf hat, oder zur Folge.

*

Die Menschheit würde vom Krieg statt einer Extraausgabe einen Denkzettel behalten, wenn sie durch den Krieg verhindert würde, jene zu bekommen.

*

Einer saß am Klavier, nach ein paar Tagen traf ihn ein Schuss ins Herz ... Ein Verstümmelter mit zuckendem Gesicht schleppt sich vorbei ... Wie gut blickt jener, der dort hinkt, als möchte er dem schnellen Passanten sagen: Alles kam, ich weiß nicht, wie, ich war ja bereit für euch, nun finde ich mich nicht mehr zurecht unter euch, dem Tod entkam ich, bitte, wie kommt man hier durchs Leben? Weicht nie mehr dieser Brand von meinem Auge, nie diese Höllenmusik aus meinem Ohr? ... Zwei Leiber, die nicht Narben, sondern Lieferungen haben, eilen vorüber. Es fällt das Wort: »Friedensrisiko«.

*

Ich sah einen, dessen Gesicht gedieh, wurde breit und breiter, bis es aufging wie ein lachender Vollmond über dem blutigen Zeitvertreib der Erde. Solcher Monde so viele zählte schon der Krieg.

*

Wenn man dem Teufel, dem der Krieg seit jeher eine reine Passion war, erzählt hätte, dass es einmal Menschen geben werde, die an der Fortsetzung des Krieges ein geschäftliches Interesse haben, das zu verheimlichen sie sich nicht einmal Mühe geben und dessen Er-

trag ihnen noch zu gesellschaftlicher Geltung verhilft
– so hätte er einen aufgefordert, es seiner Großmutter
zu erzählen. Dann aber, wenn er sich von der Tatsache
überzeugt hätte, wäre die Hölle vor Scham erglüht und
er hätte erkennen müssen, dass er sein Lebtag ein armer Teufel gewesen sei!

*

Wenn man von einem Krieg der Quantitäten spricht,
bejaht man scheinbar die Notwendigkeit des Krieges
als solchen, der ja immerhin das Problem der Über-
völkerung auf eine Zeit in Ordnung bringen mag. Aber
wäre dieser edle Zweck nicht schmerzloser durch die
Freigabe der Fruchtabtreibung zu erreichen? „Dazu
würde die herrschende Moralauffassung« – höre ich
eben diese sagen – »nie ihre Zustimmung geben!« Das
habe ich mir auch nicht eingebildet, da die herrschende
Moralauffassung nur dazu ihre Zustimmung gibt, dass
Frauen Kinder bekommen, damit diese von Flieger-
bomben zerrissen werden!

*

Der Humor eines Kegelklubs wirft, wenn's sein muss,
auch Bomben mit Witzen.

*

Ich glaube: Dass dieser Krieg, wenn er die Guten nicht
tötet, wohl eine moralische Insel für die Guten herstel-
len mag, die auch ohne ihn gut waren. Dass er aber die
ganze umgebende Welt in ein großes Hinterland des
Betrugs, der Hinfälligkeit und des unmenschlichsten
Gottverrats verwandeln wird, indem das Schlechte über

ihn hinaus und durch ihn fortwirkend, hinter vorge-
schobenen Idealen fett wird und am Opfer wächst. Dass
sich in diesem Krieg, dem Krieg von heute, die Kultur
nicht erneuert, sondern nur durch Selbstmord vor dem
Henker rettet. Dass er mehr war als Sünde: dass er Lüge
war, tägliche Lüge, aus der Druckerschwärze floss wie
Blut, eins das andere nährend, auseinanderströmend,
ein Delta zum großen Wasser des Wahnsinns. Dass
dieser Krieg von heute nichts ist als ein Ausbruch des
Friedens, und dass er nicht durch Frieden zu beenden
wäre, sondern durch den Krieg des Kosmos gegen
diesen hundstollen Planeten! Dass Menschenopfer
unerhört fallen mussten, nicht beklagenswert, weil sie
ein fremder Wille zur Schlachtbank trieb, sondern tragisch, weil sie eine unbekannte Schuld zu büßen hatten.
Dass für einen, der das beispiellose Unrecht, das sich
noch die schlechteste Welt zufügt, als Tortur an sich
selbst empfindet, nur die letzte sittliche Aufgabe bleibt:
mitleidslos diese bange Wartezeit zu verschlafen, bis
ihn das Wort erlöst oder die Ungeduld Gottes.
„Auch Sie sind ein Optimist, der da glaubt und hofft,
dass die Welt untergeht."
Nein, sie verläuft nur wie mein Angsttraum, und wenn
ich erwache, ist alles vorbei.

VI. Nachts

In der Schöpfung ist die Antithese nicht beschlossen.
Denn in ihr ist alles widerspruchslos und unvergleichbar. Erst die Entfernung der Welt vom Schöpfer schafft
Raum für die Sucht, die jedem Gegenteil das verlorene
Ebenbild findet.

*

Witz und Glaube wurzeln beide im größten Kontrast.
Denn einen größeren als den zwischen Gott und Gottes Ebenbild gibt es nicht.

*

Ich muss wieder unter Menschen gehen. Denn zwischen Bienen und Löwenzahn, in diesem Sommer, ist
mein Menschenhass arg ausgeartet.

*

Bei den meisten Menschen dringe ich bis zur Seele
nicht vor, sondern zweifle schon an den Eingeweiden.
Denn ich kann nicht glauben, dass dieser wundervolle
Mechanismus erschaffen wurde, um einen Kommerzialrat zusammenzustellen, und erst durch Obduktion
lasse ich mich davon überzeugen, dass ein Wucherer
eine Milz hat.

*

In Wien, grünenden Lebens voll, welken die Automaten.

*

Alles, was recht ist, sagen sie, aber es fehlt mir an Liebe,
sagen sie, an Liebe zur Menschheit. Das müssen wohl

arge Pessimisten sein, die die vorhandene Kollektion
schon für die denkbar beste halten! Oder arge Idioten,
die jenen einen Schmetterlingsfeind nennen, dem beim
Gedanken an einen toten Admiral die Kohlweißlinge
zu viel werden.

*

Wenn sich die Schlange vor mir auch windet – ich
zweifle doch an ihrer Zuverlässigkeit.

*

Wenn man so zwischen Ab-und Zuneigung hindurch-
leben muss, nur darum, weil man sich das Leben nicht
leicht gemacht hat, so möchte man wohl zu der Bitte
ein Recht haben, dass sich das Publikum zerstreuen
und jede Unruhestörung vermeiden möge.
Wort und Wesen – das ist die einzige Verbindung, die
ich je im Leben angestrebt habe.

*

Was sich alles entpuppen kann: ein Schurke und ein
Schmetterling!

*

Ich höre Geräusche, die andere nicht hören und die mir
die Musik der Sphären stören, die andere auch nicht
hören.

*

Woodie, ein kleiner Hund mit langen Haaren, den ich
persönlich gekannt habe, er lachte, wenn die Menschen
zu ihm sprachen, und weinte, weil er mit ihnen nicht
sprechen konnte, und sein Blick war für sich und sie
der Dank der Kreatur – ist von einem Automobil ge-

tötet worden. Wer hatte es so eilig, ach, wer hatte es so eilig. Soll das bisschen Raum zwischen Menschenleibern, das solch ein Passant in Anspruch nahm – er konnte sich eng machen wie eine Schlange –, nun besser verwendet werden? Die Würdigen büßen dafür, dass die andern unwürdig fortleben. Warum doch, da auch dieses Beispiel die Schlechten nicht bessert? Jener ging seines Weges und starb daran. Als die Frau sich umwandte, lag er in der Sonne. Wo Leben keine Worte hatte, bleibt viel Stille zurück.

*

Ich kannte einen Hund, der war so groß wie ein Mann, so arglos wie ein Kind und so weise wie ein Greis. Er schien so viel Zeit zu haben, wie in ein Menschenleben nicht geht. Wenn er sich sonnte und einen dabei ansah, war es, als wollte er sagen: Was eilt ihr so? Und er hätte es gewiss gesagt, wenn man nur gewartet hätte.

*

Wenn Tiere gähnen, haben sie ein menschliches Gesicht.

*

So würdig wie das Pferd die Schmach, erträgt sein Herr die Würde nicht.

*

Die Undankbarkeit steht oft in keinem Verhältnis zur empfangenen Wohltat.

*

Pedanterie ist ein Zustand, an dem sich entweder der Mangel entschädigt oder die Fülle beruhigt. Wie Per-

versität ein Minus oder ein Plus ist. Hinter dem Pedan-
ten steht zuweilen ein Fantast, der Stützpunkte sucht,
um es so recht sein zu können. Pedant ist nicht nur,
wer im Außen lebt, sondern auch einer, der sich außen
schützt, um sich besser zu verlieren.

*

Es gibt parasitäre Eindrücke, die im Urteil nisten bleiben und Erinnerungen aufschließen, aber so wenig zur
Kunst gehören wie die Laus zur Liebe. Ich war auch
einmal jung, rief einer, als von Läusen die Rede war.

*

Der Einsame: Nichts ist ein besserer Ersatz für die Liebe als die Vorstellung. Das Echo: Nichts ist ein besserer
Ersatz für die Liebe als die Vorstellung.

*

Musik sei mir nur eine leise Anspielung auf Gedanken,
die ich schon habe und wieder haben möchte.

*

Oft bin ich nah der Sprachwand und empfange nur
noch ihr Echo. Oft stoße ich mit dem Kopf an die
Sprachwand.

*

Die Entschuldigung: „Das ist ihm so in die Feder ge-
flossen" – mein Ehrentitel. Die Anerkennung: „Das
fließt ihm nur so aus der Feder« – mein Vorwurf. Aus
der Feder fließt Tinte: Das ist tüchtig und ein Verdienst.
In die Feder fließt ein Gedanke: Dafür kann man nicht,
es ist eine Schuld von tiefer her.

*

Eines Dichters Sprache, eines Weibes Liebe – es ist immer das, was zum ersten Mal geschieht.

*

Ein Sprichwort entsteht nur auf einem Stand der Sprache, wo sie noch schweigen kann.

*

Umgangssprache entsteht, wenn sie mit der Sprache nur so umgehn; wenn sie sie wie das Gesetz umgehen; wie den Feind umgehen; wenn sie umgehend antworten, ohne gefragt zu sein. Ich möchte mit ihr nicht Umgang haben; ich möchte von ihr Umgang nehmen; die mir tags wie ein Rad im Kopf umgeht; und nachts als Gespenst umgeht.

*

Man glaubt gar nicht, was für eine Holzhackerarbeit diese geistige Tätigkeit ist. Das Wortspalten, eh' man euch Feuer macht! – Sich selbst? Wie hirnverbrannt! Man hat Feuer, es brennt schon, und dann erst, dadurch erst, immer weiter das Wortspalten.

*

Das Unverständliche in der Wortkunst – in den anderen Künsten verstehe ich auch das Verständliche nicht – darf nicht den äußeren Sinn berühren. Der muss klarer sein, als was Hinz und Kunz einander zu sagen haben. Das Geheimnisvolle sei hinter der Klarheit. Kunst ist etwas, was so klar ist, dass es niemand versteht. Dass über allen Gipfeln Ruh' ist, begreift jeder Deutsche und hat gleichwohl noch keiner erfasst.

*

Worüber ich nicht wegkomme: Dass eine ganze Zeile von einem halben Menschen geschrieben sein könne. Dass auf dem Flugsand eines Charakters ein Werk erbaut wäre.

*

Kein Erlebnis könnte spannender sein als die Enthüllung eines Dichters. Wie sich allmählich die Distanz zwischen seinen echtesten Zeilen und dem Menschen aufzutun beginnt.

*

An dem Unechten ist das Echte einer Steigerung fähig.

*

Ein grauenhaftes Verhängnis hat mich bestimmt, den Schein zu vergrößern, ehe ich ihn unter meinen Blicken vergehen lasse.

*

Die Dinge, die jeden angehn, sind gar uninteressant. Es ist am besten, sich auf die Wirkung zu verlassen, die sie auf die andern gemacht haben.

*

Alles anklagen ist Einheit. Alles vertragen ist Kleinheit. Zu allem ja sagen, ist Gemeinheit.

*

„Das Leben geht weiter." Als es erlaubt ist.

*

Den Mangel, dass das Genie einer Familie entstammt, kann es nur dadurch wettmachen, dass es keine hinterlässt.

*

Die Kinder der Leute laufen um wie die Kalauer, die nicht unterdrückt wurden. Es sind die unfruchtbaren Witze der Unfruchtbaren, lästig den Erzeugern.

*

Kindspech ist eben das, womit man auf die Welt kommt.

*

Ein dick aufgetragener Vaterstolz hat mir immer den Wunsch eingegeben, dass der Kerl wenigstens Schmerzen der Zeugung verspürt hätte.

*

Eros hat Glück in der Liebe. Verschwendung schafft ihm Zuwachs; Kränkung Ehre. Füge ihm einen Tort zu, es wird ihm eine Lust sein; lästere ihn, es geht zu seinem Frommen aus. Alles darfst du ihm antun, nur nicht ihm deine Meinung ins Gesicht sagen. Er ist nicht wehleidig, aber auch nicht wissbegierig. Er ist nur neugierig und will es selbst herauskriegen. Wenngleich du alles besser weißt als er, dieses wisse: dass er an allem in der Welt beteiligt ist, nur nicht an der Langeweile. Das Geheimnis, das du vor ihm hast, wird er mit dir teilen; aber deine Wissenschaft verschmäht er.

*

Jeder meiner Gedanken, die es auf die erotische Freiheit abgesehen haben, hat sich noch stets vor der Welt geschämt: vor jenen und jener geschämt, die ihm Geschmack abgewinnen wollten. Die einem darin unrecht geben, haben recht. Die einem darin recht geben, haben nicht Zeitgenossen zu sein. Solche mögen dem Gedanken nachdenken, aber es ist vom Übel, wenn sie ihm nachleben, und ein Gräuel, wenn sie ihn nachsagen. Das geistige Erlebnis bleibt, auch Wort geworden, eine Privatsache. Wie erst, wenn es der Liebe entstammt!

*

Wider besseres Wissen die Wahrheit zu sagen sollte für ehrlos gelten.

*

Mein Unbewusstes kennt sich im Bewusstsein eines Psychologen weit besser aus als dessen Bewusstsein in meinem Unbewussten.

*

Es mag Kriege gegeben haben, in denen Körperliches für Geistiges eingesetzt wurde. Aber nie zuvor hat es einen gegeben, in dem nur die Abwesenheit des Geistigen verhindert hat, dieses für Körperliches einzusetzen.

*

Unter den vielen deutschen Dingen, die jetzt auf -ol ausgehen, dürfte Odol noch immer wünschenswerter als Idol sein.

*

Um in einem kriegführenden Land eine Grenzübertrittsbewilligung zu erhalten, braucht man einen „triftigen Grund". Ich wäre in Verlegenheit, keinen zu finden.

*

„Wie können sie so mit den Engländern sympathisieren? Sie können ja nicht einmal Englisch." „Nein, aber Deutsch!"

*

Da wird aus Amsterdam gemeldet, die rücksichtslosen Engländer hätten ein neutrales Schiff durchsucht und den Koffer einer Holländerin verdächtig gefunden, in welchem sich auch tatsächlich ihr Gatte, ein armer Deutscher, der erblindet war, befunden habe; ohne Gnade sei er verhaftet worden. Ob das Gerücht nun auf dem ehrlichen Weg eines Missverständnisses entstanden ist oder ob der Bericht ein blinder Passagier war, den man in die Schiffsladung des solchen Zufällen ausgesetzten Zentralorgans deutsch-österreichischer Intelligenz geschmuggelt hatte – der Fall beweist so augenfällig, dass es ein blinder Passagier sehen muss: wie bewegt die Handlung wird, sobald man den Weg aus der Phrase wieder zurück ins Leben nimmt. In der Geschichte der Kriegslüge eines der anschaulichsten Beispiele. Ein Deutscher hat eine Seereise als blinder Passagier in einem Koffer mitmachen wollen; aber wenn man eine Redensart auspackt, kann es leicht geschehen, dass so einer zum Vorschein kommt.

*

Die Redensart wird durch tausend Röhren ins Volksbewusstsein geleitet. Ein verwundeter Soldat, der sicherlich nie ein Buch, wohl auch keine Zeitung gelesen hatte, war doch des Tonfalls habhaft, mit dem ein gutes Gewissen Abschied nimmt. „Jetzt kann ich ruhig sterben", sagte er, „vierzehn hab i heut umbracht!"

*

Nein, der Seele bleibt keine Narbe zurück. Der Menschheit wird die Kugel bei einem Ohr hinein und beim andern herausgegangen sein.

*

Über den erhofften seelischen Gewinn des heimkehrenden Kriegers hat ein deutscher Professor der Psychologie den tiefsten Aufschluss gegeben: „Die psychische Umschaltung tritt schon in der Etappe ein." Das wird einmal klappen wie eben ein Wunder der Technik.

*

Wie erklärt sich die Gewalttätigkeit der Schwäche? Der Blutdurst der Nüchternheit? Seltsam verknüpft es sich: Hysterie und Tauglichkeit zur neuen Waffe. Was beide tun, wenn sie den Feind vernichten wollen, ist leichter Dienst bei der schweren Artillerie.

*

Der neue Krieg mit der so entwickelten Waffe wird nicht durch Siege entschieden, sondern anders. Und führten ihn auch Völkerschaften, die Menschenfleisch essen. Denn auch unter solchen wäre jener Teil der Sieger, der dem andern um ein Mittagmahl voraus ist. Aber diese Frage muss offenbleiben, weil Menschenfresser einen Krieg nicht mit der so entwickelten Waffe führen würden.

Heldentum ist heute der Zwang, den Tod zu erwarten. Ist Delinquententum nicht der leichtere, da seine Galgenfrist für Tapferkeit die kürzere ist? Ist Mut auch der Wille, der den Zwang verhängt? Dieser lässt nur noch die Freiheit, anonym den Tod über den andern zu verhängen. Ist

auch dieses Mut? Werden die Völker nicht künftig, wenn
sie einander gegenübertreten wollen, weil Menschennatur und Exportinteressen solches erfordern, vorziehen,
es Aug in Aug zu tun und der Maschine nur bis zu dem
Punkt ihrer Entwicklung Gefolgschaft zu leisten, wo sie,
wenn in Teufels Namen schon gegen eine Quantität,
doch noch gegen eine sichtbare Quantität losgeht?

*

Wenn Mut überhaupt im Bereich physischer Auseinandersetzungen denkbar ist, so könnte er wohl eher
dem Unbewaffneten zuzuschreiben sein, der dem Bewaffneten gegenübersteht, als umgekehrt. Die so entwickelte Waffe bedingt es nun, dass der Mensch im neuen
Kriege zugleich bewaffnet und unbewaffnet ist, indem
er doch eine Waffe gebraucht, gegen die er persönlich
wehrlos ist, zugleich ein Feigling und ein Held. Es sollte in diesem Stadium der Entwicklung, wenn nichts
anderes, das ornamentale Wesen des Säbels auffallen,
einer Waffe, die etwa noch im Frieden Verwendung
finden könnte. So mag dereinst ein Flammenwerfer
zur Montur gehören, wenn anders der Fortschritt der
Menschheit weiter auf das Ingenium des Ingenieurs
angewiesen bleibt. Aber es ist wohl zu hoffen, dass die
Menschheit, wenn sie den Ehrgeiz hat, sich die Rauflust
zu erhalten, sich eines Tages entwaffnen und versuchen
wird, wieder ohne die Ingenieure Krieg zu führen.

*

Schwer wird es dem Gedanken, Gasmaske und Panier zu
verbinden. Die neue Waffe setzt den höchsten Mut bei

dem voraus, den sie bedroht, und die höchste Feigheit bei dem, der sie anwendet. Diese wird nicht durch den Umstand entschuldigt, dass sie auf die gleiche Art bedroht ist, und jener wirbt nicht um Bewunderung, sondern um Mitleid. Die Menschheit wird sich nach diesem Kriege fragen, wie es möglich war, dass er nicht von Sklaven, sondern von Soldaten geführt wurde, und staunen, dass damals nicht jeder, der bei der Waffe blieb, wegen Feigheit vor dem Feind ausgestoßen worden ist. Aber vielleicht wird man wenigstens dann die Ausstoßung der Armee aus dem Armeeverband in Erwägung ziehen.

*

Da Ornament und Redeblume am liebsten von einer Zeit getragen werden, deren Wesen dem verlorenen Sinn dieser Formen widerstrebt, und umso lieber, je weiter sie jenem Sinn entwachsen ist, ihr eigener Inhalt aber nie imstande sein wird, neue Ornamente und Redeblumen zu schaffen, so wird ein Staat noch „zum Schwerte greifen", wenn es ihm schon längst geläufig sein wird, zum Gas zu greifen. Kann man sich denken, dass solcher Entschluss je zur Redensart werden könnte? Es sollte Aufschluss über die Technik geben, dass sie zwar keine neue Phrase bilden kann, aber den Geist der Menschheit in dem Zustand belässt, die alte nicht entbehren zu können. In diesem Zweierlei eines veränderten Lebens und einer mitgeschleppten Lebensform lebt und wächst das Weltübel. Die Zeit ist nicht phrasenbildend, aber phrasenvoll; und eben darum, aus heillosem Konflikt mit sich selbst, muss sie immer wieder zum Schwerte greifen. Die neue Begebenheit wird keine Redensart hervorbringen, wohl aber die alte Redensart die Begebenheit!

Seitdem der Raufhandel eine Handelsrauferei geworden ist, sollte Hektor wieder bei der Andromache zu finden sein, seinen Kleinen lehren Speere werfen und vor allem die Götter ehren.

*

»Den Weltmarkt erobern«: Weil Händler so sprachen, mussten Krieger so handeln. Seitdem wird erobert, wenngleich nicht der Weltmarkt.

*

Der deutsche Geist wird, solange er nicht der Verbindung von Ware und Wunder zugunsten eines der beiden Faktoren entsagt, die Welt vor dem Kopf stoßen, wobei die Absicht die geringere Schuld wäre.

*

Das Verlangen der Feinde nach Auslieferung der deutschen Artillerie ist ein Wahnsinn. Logisch wäre nur das Verlangen nach Auslieferung der deutschen Weltanschauung, und dieses ist unerfüllbar.

*

Was ist das nur? Wie schal schmeckt das Leben, seitdem es ein Ding wie »Mannesmannröhren« gibt. Wenn's irgendwo so organisatorisch klappt, so halten sie wohl Mannesmannszucht.

*

Das ist es, was die Welt rebellisch macht: Überall ist Firma, aber dahinter vielleicht doch, unseren Blicken unsichtbar, ein Firmament. Überall ist Ware, aber dahinter vielleicht doch noch, unbehelligt, das Wunder. Weil wir's nicht sehen, sagen wir, es seien Materialisten. Wir aber haben vom idealen Lebenszweck den Namen genommen, um ihn dem Lebensmittel zu geben, dem Schweinespeck. Unser todsicheres Ingenium hat den Idealen den Skalp abgezogen und dem Leben den Balg und verwendet sie als Hülle, Marke und Aufmachung. Wir sind die Idealisten. Und gegen diesen Zustand das im Munde und im Schilde zu führen, wovon wir bestreiten, dass es der andere im Herzen habe, weil er es nicht im Munde und im Schilde führt, während doch schon dies ein Zeichen für jenes ist und die Lebensgüter eben in der Trennung von Leben und Gütern gedeihen und in der Verbindung verdorren – gegen diesen Zustand lehnt sich ein Instinkt auf, der im politisch offenbarten Bewusstsein der Völker als Neid, Raubgier, Revanchelust, unter allen Umständen aber als Hass in Erscheinung tritt. Es ist der Hass gegen den Fortschritt und gegen die eigene Möglichkeit, ihm zu erliegen. Es ist nicht allein der Stolz, nicht so zu sein wie diese, sondern auch die Furcht, so zu werden wie diese. Es ist das europäische Problem; das aber vermutlich erst von einer nichtbeteiligten Seite gelöst werden wird.

*

Nicht genug daran, dass es eine Zeit gibt, gibt es auch eine große Zeit, die neuestens auch eine neue Zeit ist. Eine solche sollte doch eigentlich eine freie Zeit sein.

Es dürfte sich aber herausstellen, dass sie wie die kleine Zeit und wie die alte Zeit nur eine neue freie Zeit ist.

*

Sollte „Schlachtbank" nicht vielmehr von der Verbindung der Schlacht mit der Bank herkommen?

*

Was jetzt die größte Rolle spielt, das spielt jetzt keine Rolle: Blut und Geld.

*

Nein, den Generaldirektoren braucht ihr Braven nicht die vorschriftsmäßige Ehrenbezeigung zu leisten. Wenngleich sie euch in den Krieg geführt haben.

*

Der Zensor verbot eine Stelle, die den Titel führte: So leben wir alle Tage. Ich fragte, ob ich (ohne der Wahrheit etwas zu vergeben) der Erlaubnis vielleicht näherkäme mit dem Titel: So lesen wir alle Tage. Er fand aber mit Recht, dass es dasselbe sei.

*

Zensur und Zeitung – wie sollte ich nicht zugunsten jener entscheiden? Die Zensur kann die Wahrheit auf eine Zeit unterdrücken, indem sie ihr das Wort nimmt. Die Zeitung unterdrückt die Wahrheit auf die Dauer, indem sie ihr Worte gibt. Die Zensur schadet weder der Wahrheit noch dem Wort; die Zeitung beiden.

*

Klerus und Krieg: Man kann auch den Mantel der Nächstenliebe nach dem Winde hängen.

*

Man sollte sich eigentlich entschließen, zuzugeben, dass Patriotismus eine Eigenschaft ist, die in allen kriegführenden Staaten vorkommt. Wenn man einmal bis zu dieser Erkenntnis vorgedrungen ist, könnte der Moment eintreten, wo man dem Feinde manches zugute hält, und es wäre vielleicht eine Verständigung auf der Basis möglich, dass, wenn einer um eines Betragens willen, das ihn zum Schuft macht, zugleich ein Ehrenmann ist, alle nicht nur von sich, sondern auch voneinander sagen könnten, dass sie Ehrenmänner seien, wenn sie auch noch nicht so weit vorgeschritten sein mögen, zu wissen, dass sie eigentlich doch Schufte sind.

*

Wer den Patrioten des andern Landes für einen Lumpen hält, dürfte ein Dummkopf des eigenen sein.

*

Es mag wohl in allen Staaten Kriegsgewinner geben, die wirklich nur daran denken, dass der Krieg gewonnen werde, und die, fern jeglichem Wunsch nach einer Bereicherung, größere Menschenopfer nur schweren Herzens und in der Hoffnung hinnehmen, späterhin dadurch doch größeren Geldopfern zu entgehen. Diese aufopfernde Gesinnung, aus der sie sich nicht selbst, sondern einander den größten Vorwurf machen, nennt man in allen Staaten Patriotismus.

*

Eine Heimat zu haben, habe ich stets für rühmlich gehalten. Wenn man dazu noch ein Vaterland hat, so muss man das nicht gerade bereuen, aber zum Hochmut ist kein Grund vorhanden, und sich gar so zu benehmen, als ob man allein eines hätte und die andern keins, erscheint mir verfehlt.

*

Dass die Lüge mit ihren kurzen Beinen jetzt gezwungen ist, rund um die Welt zu laufen, und dass sie's aushält, ist das Überraschende an dem Zustand.

*

Dass jetzt alle gegen alle kämpfen, wäre noch auf einen elementaren Punkt zurückzuführen. Aber dass jetzt alle einander grüßen, scheint mir kein von der Natur angeschaffter sozialer Umsturz zu sein.

*

Jeder ist jetzt vom andern durch eine Uniform unterschieden. Wie farblos wird die Welt, wenn sie's so bunt treibt!

*

Seitdem man dem Bürger einen Spieß in die Hand gegeben hat, wissen wir endlich, was ein Held ist.

*

Am Tor eines deutschen Militärbüros sah ich ein Plakat, aus dem die Worte hervorsprangen: „Macht Soldaten frei!" Es war aber gemeint, dass Zivilisten als Schreiber für die Kanzlei gesucht werden, um den dort beschäftigten Soldaten den Abgang an die Front zu ermöglichen.

*

Ich hörte Offiziere über die schlechte Bedienung schimpfen. Man sagte ihnen, die Zivilbevölkerung sei an der Front. Sie waren aber nicht zu beruhigen und nannten es einen Skandal.

*

Krieg ist zuerst die Hoffnung, dass es einem besser gehen wird, hierauf die Erwartung, dass es dem andern schlechter gehen wird, dann die Genugtuung, dass es dem andern auch nicht besser geht, und hernach die Überraschung, dass es beiden schlechter geht.

*

Viele, die am 1. August 1914 begeistert waren und Butter hatten, haben gehofft, dass am 1. August 1917 noch mehr Butter sein werde. An die Begeisterung können sie sich noch erinnern.

*

Ich kann mir nicht helfen, aber mir scheint halt doch zwischen der artilleristischen Überlegenheit und den hohen Obstpreisen sowie auch dem Zustand im Beiwagen einer Elektrischen mit seinem ganzen durchhaltenden und durchschwankenden Elend ein kausaler Zusammenhang zu bestehen.

*

Die artilleristische Überlegenheit ist ein Vorteil, wenn durch sie noch wichtigere Kulturgüter als sie geschützt werden sollen. Da aber die artilleristische Überlegenheit das Vorhandensein wichtiger Kulturgüter ausschließt, so bleibt, um den Vorteil der artilleristischen Überlegenheit zu erklären, nichts übrig als die Erwägung, dass durch die artilleristische Überlegenheit die artilleristische Überlegenheit geschützt werden soll.

*

Was helfen uns die Flammenwerfer, wenn die Zünd-
hölzchen ausgehen!

*

Die Völker Europas dürften nachher gezwungen sein,
ihre heiligsten Güter aus Asien zu beziehen.

*

Geschäft ist Geschäft: Weil jene es sagten, sagten diese,
es seien Händler. Jene aber meinten, dass Geschäft Geschäft sei und nicht auch Leben und Religion.

*

Kriege und Geschäftsbücher werden mit Gott geführt.

*

Alle Vorräte an Getreide, Mehl, Zucker, Kaffee und so
weiter sind nacheinander gestreckt worden. Mit den
Waffen wär's noch zu probieren.

*

Soldaten, die nicht wissen, wofür sie kämpfen, wissen
doch einmal, wofür sie nicht kämpfen.

*

Die Menschheit hatte die freiheitlichen Errungenschaften erfunden und in derselben Zeit die Maschinen. Das
war zu viel auf einmal, und durch beider Fortschritt
ist ihr die Fantasie abhanden gekommen, sodass sie
sich nicht mehr vorstellen konnte, wie die Maschinen
schneller ans Ziel kämen als sie selbst. Dass diese mit
den Errungenschaften fertig würden und mit ihr selbst.

*

Die Technik: Automobil im wahren Sinn des Wortes.
Ein Ding, das sich nicht bloß ohne Pferd, sondern auch

ohne den Menschen fortbewegt. Nachdem der Chauffeur den Wagen angekurbelt hatte, wurde er von ihm überfahren. Nun geht es so weiter.

*

Die Quantität lässt nur noch einen Gedanken zu: abzubröckeln.

*

Die Quantität verhindert auch jede Auflehnung gegen sie. Nicht die Drohung, sondern das Dasein des Maschinengewehrs unterdrückt die Besinnung der Menschenwürde. Revolvertaten, als die Antwort aus der so entwickelten Maschine selbst, haben keine Fortsetzung. Die Tat als Beispiel ist in der technischen Entwicklung nur bis zu Tells Geschoss vorgesehen. Bis dahin geht die Seele noch mit.

Zum Schutz gegen die Maschine hat das Ingenium der Menschheit die Hysterie erfunden. Ohne diese würde sie jene nicht aushalten, und da sie auch diese nicht aushält, so kommt sie weiter.

*

Am 1. August 1914 hörte ich einen Ruf: »Immer feste rin in die Glorie!« Ich schämte mich, ein Nörgler zu sein, denn ich wusste damals schon ganz genau, dass die Zeit kommen werde für: »Außi möcht' i!« Nur war ich zugleich ein solcher Optimist, dass ich das Datum für die Äußerung dieses Wunsches, der sich schon am 1. August 1915 fühlbar machen musste, auf den 1. August 1916 und nicht auf den 1. August 1917 festsetzte. In solchen Fällen lässt es sich aber nicht mit mathematischer, sondern nur mit apokalyptischer Genauigkeit arbeiten. Wo ich inzwischen die große Zeit angepackt habe, war sie interessant, und ihre schauerliche Kontrasthaftigkeit verbrannte den Märtyrern an den Fronten mehr das Herz als alle Flammenwerfer. Aber da sie es in einem vermocht hat, einen Menschen wie Friedrich Adler[4], dessen Edelmut ausgereicht hätte, ein schuldiges Zeitalter zu begnadigen, zum Mörder und einen Menschen wie Moritz Benedikt[5] zum Pair zu machen – das hätte selbst ich ihr nicht zugetraut! Nein, Waffentaten von heute, ob aus Pflicht oder aus Idee vollbracht, eben noch geeignet, in dem von jenem Unglücklichen verleugneten Sinne Schrecken zu erregen, sind nicht mehr imstande, in dem von ihm bejahten Sinn die „psychologische Voraussetzung einer künftigen Massenaktion" zu bilden. Denn der Mangel an Fantasie war die psychologische Voraussetzung der gegenwärtigen Massenaktion, deren fortwirkendem Kommando kein Gegenruf der Menschenwürde mehr antwortet, um die in Einzelschicksale aufgelöste Masse wieder zu sammeln. Es gibt keine Armbrust und keinen Tyrannen; es gibt Technik und Bürokraten. Es gibt nur den Knopf, auf den das Plutokratische drückt. Aber da ist kein verantwortliches Gesicht. Die Problemstellung:

---

4   Sozialdemokratischer Politiker, der im Jahr 1916 den österreichischen Ministerpräsidenten Karl Graf Stürgkh erschoss und 1918 amnestiert wurde.
5   Herausgeber der »Neuen freien Presse« und häufig Gegenstand der scharfzüngiger Satiren des Karl Kraus.

Demokratie–Autokratie trifft ins Leere, in das Vakuum der Zeit, das hier nur fühlbarer wird als im andern Europa. Autokratie als ein technischer Begriff: Das könnte es sein. Ein Ding, das nicht selbst, sondern von selbst gebietet. Und alle treibt das hohle Wort des Herrschers Zufall, der die Quantität regiert.

*

Der neue Krieg ist nicht allein der zwischen den Staaten, sondern hauptsächlich der blutige Zusammenstoß der alten und der neuen Macht. Er ist entstanden, weil es jene noch gab, als diese heraufkam und weil sich die beiden in eine Verbindung eingelassen haben, indem sich die alte mit ihrem Wesen zum Werkzeug der neuen machte und mit ihrem Schein sie unterjocht hat. Diese Verbindung, die Zwist bedeutet, drückt sich in der allgemeinen Gleichberechtigung zur Sklaverei aus. Um die alte Welt aus der daraus entstandenen Not zu befreien, ist es nötig, die Partei der neuen zu nehmen. Denn diese, die jene entgeistigt hat, um sich von ihr überwältigen zu lassen, verfügt am Ende allein über die Mittel, um sie wenigstens zur Vernunft zu bringen, wenngleich sie beide nicht Fantasie genug hatten, das Unheil abzuwenden. In diesem Sinne muss der konservative Standpunkt, der doch die äußere Ordnung und die Sicherung des Lebens wie seiner Notwendigkeiten voraussetzt, auf Kriegsdauer eine Verschiebung erfahren. In Staaten, die dümmer sind als ihre Demokratie, muss man für diese sein und ihr gegen den Staat helfen, dessen Dummheit sie mobilisiert hat. Sie haben einander untergekriegt. Die demokratische Tendenz muss im Kampf gegen ihren Folgezustand unterstützt und die aristokratische zu ihren Gunsten verlassen werden.

*

Und wenn sie untergeht, und nichts mehr zu haben und niemand mehr da sein wird: Arbeitskräfte werden da sein und Papier zu haben, damit behauptet werden könne, dass sie nicht untergeht, oder, wenn sich's schon rein nicht mehr in Abrede stellen ließe, zu schildern, wie jene, die die Schuld tragen, dabei martialisch dreingeblickt haben.

*

Als zum ersten Mal das Wort „Friede" ausgesprochen wurde, entstand auf der Börse eine Panik. Sie schrieen auf im Schmerz: Wir haben verdient! Lasst uns den Krieg! Wir haben den Krieg verdient!

*

Die deutsche Sprache schützt nicht mehr gegen jene, die sie sprechen. Ich muss mir, will ich mich retten, schnell etwas auf lateinisch einfallen lassen. Das glückt; denn wie schön lässt sich's in einer Sprache, die man vergessen hat, denken. Es entspringt dort, wo Deutsch mir noch nicht jenes Umgangs Sprache war. Die Ungebildeten werden es nicht verstehen, die Gebildeten werden es für ein Sprichwort halten und mir weiter nicht übelnehmen. Und so empfiehlt man sich auf lateinisch.

*

Dass die Welt nicht vor ihrer Sünde erschrickt, sieht ihr ähnlich. Aber vor eben diesem Spiegelbild sollte sie erschrecken!

*

Wozu das Aufsehen? Der Planet ist so geringfügig, dass ihn ein Hass umarmen kann!

*

Der Zustand, in dem wir leben, ist der wahre Weltuntergang: der stabile.

*

Um zu glauben, dass einer das alles gemacht hat, braucht man doch sicher mehr Gedanken, als um zu wissen, dass er es nicht gemacht hat – ihr Idioten des freien Geistes!

*

Geduld, ihr Forscher! Die Aufklärung des Geheimnisses wird durch dieses selbst erfolgen.